ANILAR

CAN

TÜRK YAZARLARI

1. basım: 2001
2. basım: 2001

Düzelti: Fulya Tükel
Dizgi: Bedriye Başkan

ISBN 975-07-0070-8

Bu kitap, İstanbul'da Can Yayınları'nda dizildi,
Eko Basımevi'nde basıldı. (2001)
Cilt: ZE Ciltevi

Hilmi Yavuz

CEVİZ SANDIKTAKİ ANILAR

ANI

CAN YAYINLARI LTD. ŞTİ.
Hayriye Caddesi No. 2, 80060 Galatasaray, İstanbul
Telefon: (0-212) 252 56 75 - 252 59 88 - 252 59 89 Fax: 252 72 33
web sayfamız: http://www.canyayinlari.com
e-posta: yayinevi@canyayinlari.com

HİLMİ YAVUZ'UN
CAN YAYINLARI'NDAKİ
KİTAPLARI

GEÇMİŞ YAZ DEFTERLERİ / *deneme*
GÜLÜN USTASI YOKTUR / *toplu şiirler 1*
ERGUVAN SÖZLER / *toplu şiirler 2*
ÜÇ ANLATI / *anlatı*
CEVİZ SANDIKTAKİ ANILAR / *anı*

Hilmi Yavuz, 1936 İstanbul doğumlu, günümüz şair ve yazarlarındandır. İstanbul'da Kabataş Erkek Lisesini bitirdi (1954), bir süre gazetecilik yaptı, İngiltere'de B.B.C. Radyosunda çalıştığı yıllarda (1964-1969) Londra Üniversitesi Edebiyat Fakültesi Felsefe Bölümünde yüksek öğrenimini tamamladı. Dönüşünde Cumhuriyet, Milliyet, Yeni Ortam gazetelerine (bir kısmı Ali Hikmet imzasıyla) eleştiriler, incelemeler yazdı. Şimdi Mimar Sinan ve Boğaziçi Üniversitelerinde öğretim görevlisi. Şiire başlayışı lise sıralarında Dönüm dergisindedir (1952/53). İlk kitabı *Bakış Kuşu* (1969) idi. *Bedrettin Üzerine Şiirler* (1975) kitabındaki şiirleriyle güçlü bir atılım yaptı. Sanatının esansını yoğun modern şiirden ve kültür tarihimizin kaynaklarından damıttı. *Doğu Şiirleri* (1977) bu yatırımın kanıtıdır. *Doğu Şiirleri*'ni *Yaz Şiirleri* (1981), *Gizemli Şiirler* (1984), *Zaman Şiirleri* (1987), *Söylen Şiirleri* (1989), *Ayna Şiirleri* (1992), *Çöl Şiirleri* (1996) ve *Akşam Şiirleri* (1999) izledi. Son iki kitabı dışında 'Toplu Şiirleri'ni *Gülün Ustası Yoktur* (toplu şiirler 1), *Erguvan Sözler* (toplu şiirler 2) (1989) derledi. Deneme ve incelemelerinden bir bölümü *Felsefe ve Ulusal Kültür* (1975), *Roman Kavramı ve Türk Romanı* (1977), *Kültür Üzerine* (1987), *Felsefe Üzerine* (1987), *Yazın Üzerine* (1987), *Denemeler Karşı Denemeler* (1988), *Dilin Dili* (1991), *İstanbul Yazıları* (1991), *Okuma Notları* (1992) ve *İstanbul'u Dinliyorum* (1992) adlı yapıtlarındadır. Üç de anlatı yazdı: *Taormina* (1990), *Fehmi K.'nın Acayip Serüvenleri* (1991) ve *Kuyu* (1994). *Doğu Şiirleri* ile 1978 Yeditepe Şiir Armağanını, *Zaman Şiirleri* ile de 1987 Sedat Simavi Edebiyat Ödülünü kazandı.

SUNUŞ

Ceviz Sandıktaki Anılar, benim 1950-1960 yıllarına ait anılarımdan oluşuyor. Yeniyetmelik ve ilkgençlik anıları! Daha doğrusu, belleğimde kalanlar... Onları denetleyip belirli bir biçime koymak yerine, belleğin kendiliğinden akışına bırakarak anlatmayı yeğledim. Gene de, ara sıra, anıların arasına girip, onlardan bugün'e ilişkin olarak yaptığım çağrışımları dile getirmekten kendimi alamadım. Umarım bu müdahaleler, ukalalık sayılmaz...

Anıları herhangi bir anı kitabından yazınsal olarak farklı kılabilmek amacıyla, *okuma parçaları* ile destekledim. 'Okuma parçaları', benim o yıllarda yazdığım ve bir bölümünü, yine o yıllarda yayımlamama karşın hiçbir kitabıma almadığım yeniyetmelik dönemine ait şiir, öykü ve roman girişi denemeleridir. Metnin kendisi, benim 1950-1960 yılları arasındaki İstanbul yaşamımın, deyiş yerindeyse, kamusal alanıdır; 'okuma parçaları'ysa, özel alanı!

Niyetim, 1950'den bu yana 'ebediyete akıp giden her on sene' için, belleğimin ceviz sandığından ipekli veya sadakor bir metin çıkarmak! 'Görelim Mevlam neyler/ Neylerse güzel eyler...'

Ayaspaşa, 1 Şubat 2001
Hilmi Yavuz

I

Ben İstanbul'a o yıl geldim, 1950 yılında. Elbet ilk gelişim değildi buraya, daha önce de gelmiştim. Ama bu kez, 1950 yılıydı, bir daha başka bir yerde olmak istemeyeceğimi bilerek geliyordum. Çok gençtim o yıllarda, gene de bu kenti hiçbir kente değişmemeye kararlıydım artık...

1950 yılının Mayıs ayında Siirt'te (o beyaz kent!) ortaokulu bitirdikten sonra, liseyi okumak için iki seçenek vardı önümde. Siirt'te lise olmadığı için ya en yakındaki Diyarbakır Lisesi'ne gidecek ya da İstanbul'da herhangi bir liseye kaydolacaktım. Elbette Diyarbakır ve İstanbul'un dışında başka seçenekler de vardı. Ama babam için çözüm ya Diyarbakır'dı ya da İstanbul! Yaşlı sayılabilecek anne-babanın tek ve sevgili çocuklarıydım. Beni bu iki kentten birine yalnız başıma göndermeleri söz konusu değildi. Her iki olasılığın olumlu ve olumsuz yanları ince elenip sık dokunarak gözden geçirildi. Damda yattığımız yıldızlı gecelerde, o laciverdi bahçeye bakarak (gece, laciverdi bahçe!) talihimin bana hangi kentin kapılarını açacağını düşleye düşleye bekledim.

Sonunda karar verildi: İstanbul'a göç edecektik ve ben Kabataş Erkek Lisesi'nde leyli (yatılı) okuyacaktım. Niçin Kabataş Erkek Lisesi sorusunun yanıtı basitti. Halamın torunu Süreyya Abla'nın eşi Faik Ağabey, Faik Olcay, Kabataş Erkek Lisesi'ni bitirmişti ve İstanbul'daki liseler konusunda babamca uzman kabul ediliyordu. Amcamın oğlu Münci Ağabey'in bir Haydarpaşa Lisesi deneyimi vardı, ama babam yeğeninin Haydarpaşa serüveninden pek memnun kalmamıştı... Bu arada, elbette, Galatasaray Lisesi'ne gönderilmem de söz konusu olmadı değil! Gel gelelim, o yıl liseler üç yıldan dört yıla çıkarılmıştı ve Galatasaray'da fazladan bir yıl da 'ihzari', yani hazırlık okumak gerekecekti. Babam, Galatasaray'ın 'beş yıllık' lise eğitimini 'çok' buldu! Ortaokul Fransızca'mın da hiç fena olmadığını biliyordu üstelik. 'Bu çocuk, Kabataş'ta da Fransızca'sını ilerletir. Galatasaray'da fazladan bir sene okumasının lüzumu yok!' diye kestirip attı. Mesele bitmişti...

İstanbul'dan, babamın dayısının oğlu Sabri Ağabey, (Sabri Alkan) biz Siirt'te iken okula gitmiş ve hem kayıt için, hem de yatılı öğrencilerin kabulü için gerekli koşulların neler olduğunu öğrenmişti. Sabri Ağabey'in 1950 Ağustosu başında, Siirt'e posta ile gönderdiği belgede şunlar yazılıydı:

Kabataş Erkek Lisesi

Okula Yeni Kaydedilecek Öğrencilerin
Kabul Şartları

1) Geldiği okuldan getirilecek öğrenim belgesi.
2) Nüfus cüzdanının aslı.
3) Aşı kâğıdı ve sıhhat raporu.
4) 4,5 x 6 boyunda en son çıkmış baş açık ve kravatlı 8 adet fotoğraf.

5) Okuldan alınarak veli tarafından doldurulacak olan kayıt beyannamesi ve veli fişi.
6) İçlerinde 15'er kuruşluk posta pulu bulunan ve üstlerinde veli adresi yazılı 6 mektup zarfı.
7) 1 tane dosya zarfı.
8) Öğrenci velilerinin öğrencinin kaydı için bizzat okula gelmeleri lazımdır.
9) Her öğretim yılı başında ve kayıt müddeti içinde kayıtlarını yeniletmeyen öğrenciler okulu terk etmiş sayılırlar ve bu gibilere yönetmeliğin kabul hakkında yazılı 102. maddesine göre işlem yapılır.

Yatılı Öğrenci Kabul Şartları

Kayıt muamelesi için yukarıda 'Okula Yeni Kaydedilecek Öğrencilerin Kabul Şartları' yazılı hükümler aynen baki olmakla beraber aşağıda yazılı şartlar da dikkate alınacaktır.

1) Gazetelerle ilan edilen kayıt müddeti içinde kadronun müsaadesi nispetinde lise ve orta sınıflara yatılı öğrenci kaydına başlanır.
2) Yıllık ücret 3 taksitte alınır. Birinci taksit sene başında okula kaydolunurken, ikinci taksit en geç 1-10 Aralık ve üçüncü taksit 1-10 Mart arası okula yatırılır. Bu müddet içinde taksiti yatırılmamış öğrenciler velilerine teslim edilir.
3) Birinci taksit yatırılmadan yatılı kaydı yapılamaz. Yıllık ücret 558 liradır ve her taksit 186 liradır.
4) 60 liraya kadar maaşlı (60 dahil) ve barem içi devlet memurlarının öz çocuklarından % 10 eksiltme yapılır. Ancak bu eksiltmeden faydalanmak için her taksit yatırılışında

memurun maaş mikdarile halen ödevde bulunduğunu gösterir pullu ve onaylı bir belgenin getirilmesi şarttır.

5) Bilumum özel idarelerle, Belediye, Tekel ve Devlet Deniz ve Demir Yolları memurları ile bütün emekli ve ücretli memurlar bu eksiltmeden faydalanamazlar.

6) Resmi okullarda okuyan öz kardeşlerin birincisinden tam ücret alınır. İkincisinden % 15 ve üçüncüsünden % 20 eksiltme yapılır. Ancak bu eksiltmeden faydalanabilmek için çocukların kardeş olduklarını bildirir bir mazbatanın ve birinci kardeşin ücretinin tam olarak yatırıldığına dair resmi bir belgenin taksit yatırılırken getirilmesi gerektir.

7) Öğrencilerin devamlı surette İstanbul'da ikamet eden ve öğrenci üzerinde yetki sahibi belli başlı bir veli göstermeleri lazımdır.

8) Yatılı öğrencilerin okula getirmeye mecbur oldukları eşyalar:

Adet		Boy	En	Ağırlık
1	Beyaz karyola	1.88	0.87	-
1	Beyaz pike örtü	-	-	-
1	Yatak	2.00	0.90	12
2	Yastık	0.80	0.49	1,5
1	Battaniye koyu renk	-	-	-
1	Yorgan	1.90	1.25	-
3	Yorgan çarşafı	2.40	1.50	-
3	Yastık kılıfı	-	-	-
3	Yorgan kılıfı (Yorgan ipliği ile dikilecek şekilde olmayıp nevresim şeklinde olacak)			
1	Çamaşır torbası			
	Kendisi için lüzumlu çamaşır ve hamam takımı.			

Annem, elbette karyola dışında, bunların hepsini kendi eliyle hazırlayıp özenle bir ceviz sandığa yerleştirdi. Okula o sandıkla götürdüm yatılılık eşyalarımı. Eşyalar öngörülen ölçülere uyuyorlardı, çünkü annem elinde mezura, hepsini teker teker ölçmüş, enleriyle boylarını denkleştirmişti. Kilolarına gelince, doğrusu, annemin onları tarttığını anımsamıyorum. Hoş, nasıl olsa fark etmeyecekti; – okulda eşyalar ne ölçülecek, ne de tartılacaklardı çünkü!

Babam emekli olduğu için indirimden yararlanamıyordu; ama Milli Eğitim'in Tekel İdaresi'nden, Devlet Demir ve Deniz Yolları memurlarından alıp veremediği neydi acaba? Onlar dışında bütün memurların çocukları indirime hak kazanmışken, Tekel ve D.D.Y. ve Deniz Yolları memurları niçin faydalanamıyorlardı bu 'eksiltme'den? Babama sorsam, 'hikmet-i hükümet!' diye yanıtlayacağından kuşkum yoktu ve galiba, yavaş yavaş, Kafka Bilinmezlerinin Dünyasına giriyordum...

II

Kabataş Erkek Lisesi'nde okuyacak olmaktan dolayı mutluydum. Çünkü daha Şebinkarahisar'dayken, ortaokulu benden bir yıl önce bitirmiş olan arkadaşım Ünsal Soygür'e özenmiş; onun gibi ben de Kabataş Lisesi'nde okumayı düşlemiştim.

1950 yazının son günlerinde, Kurtalan'dan trene bindik. İki dayım, halalarım, çocuklar, Kurtalan İstasyonu'nda uğurladılar bizi. Ben, bütün çocukluğum boyunca, bir ilçeden ötekine, arkasında hüzünler bırakarak değil, ama hüzünleri kitaplarımın konulduğu eski bir ceviz sandık gibi taşıyarak dolaştığım için, alışkındım ayrılıklara... Siirt'i, baba yurdu bu beyaz kenti çok seviyordum. Çarşı içindeki büyük konağımızı, konağın geniş, revaklı avlusunu, avludaki iki acı su kuyusunu, Şeyh-üt Tırab'dan dolanarak gittiğimiz Karm'ımızı (Siirt Arapçasında 'Karm' 'Bağ' demektir ve Asurca'dan gelir), kuzenlerimi, arkadaşlarımı, Halkevi bahçesindeki yazlık sinemayı...

Ama İstanbul?.. İstanbul, evet, ürkütmüştü beni. Babamın Orhangazi'den Rize'nin yeni ilçe olan Güneyce'sine kaymakam olarak atandığı o yıl, oraya gitmeyerek İstanbul'da kaldık. Orhangazi'deyken, hafta sonları ara sıra İstanbul'a gelir, halamın büyük oğlu Lütfi Yavuz'un, Kadıköy'de, tam da Moda Burnu'nda oturduğu büyük evde konuk olurduk. (Bu büyük ev, 1950'li yılların sonuna doğru yıkılmış, yerine 1970'lerde 'Eros Oteli' yapılmıştır. Otelin şair İskender Fikret Akdora'ya ait olduğunu sanıyorum.) Lütfi Ağabeyim o yıllarda, 1942 yılıdır, CHP'nin Trabzon milletvekiliydi ve ailecek, yazlarını, İstanbul'da, Moda'da kiraladıkları bu evde geçiriyorlardı. (Ayraç içinde belirteyim: Lütfi Yavuz, 'atama' yoluyla Trabzon milletvekilliği yaptığı 1942-1946 yasama döneminde Trabzon'a hiç gitmemiştir! Trabzon'u hiç görmemiş bir Trabzon milletvekiliydi Lütfi Yavuz. CHP, 1946 seçimlerinde bu durumu düzeltmiş ve Lütfi Ağabeyim bu seçimlerde Siirt milletvekili olmuştur. 1942-1946 arası Siirt milletvekillerinden biri de, ressam Şevket Dağ idi. Hep merak etmişimdir. Acaba Şevket Dağ, Siirt'i görmüş müydü?)

Bu evi anlatmalıyım. Önünde küçük bir bahçesi vardı. Moda Caddesi'ne açılan demir kapıdan bu bahçeye giriliyor, oradan da sağlı sollu iki merasim merdiveninden büyükçe bir sahanlığa çıkılıyordu. Belleğim beni yanıltmıyorsa, bu sahanlığın üstünde, ikinci katın cumbası yer alıyordu. Yaz geceleri, karartma vardı o yıllarda, o sahanlıkta oturuluyor, yavaş seslerle savaştan konuşuluyordu. Yıldızların kaynaştığı (hiçbir zaman İstanbul göğünü bir daha bu kadar yıldızlı görmedim!) ve ara sıra, yabancı bir uçak var mı diye karanlığı aydınlatan projektör huzmelerinin parlayıp kaybolduğu gökyüzüne bakardım hep. Deniz de dururdu karşıda, ama varla yok arasıydı geceleri, – kapkaranlık, öylece, orada! Projektörler, bazen, parlayıp kaybolmadan önce denize vurduklarında, ay ışıklı geceler misali gümüşsü bir yol döşer gibiydiler...

Neden, karartma gecelerinde hep usul, yavaş ve sanki kimseler duymasın isteniyormuşçasına, neredeyse fısıltıyla konuşulurdu? Yoksa, bana mı öyle geliyor şimdi? Ama babamın, Lütfi Ağabeyimin, savaşın gidişatına ilişkin konuşmalarını, hep alçak sesli konuşmalar olarak anımsıyorum. Sonraları, ama çok sonraları, 'hiçbir şey görünmesin' diye uygulanan görsel karartmanın, sanki, 'hiçbir şey duyulmasın'ı da kuşatacak biçimde, elbette kendiliğinden, bir 'ses karartması'na dönüştüğünün ayırdına vardımdı. İnsanlar, İstanbul'da, savaş yıllarına özgü bir sakınma, öteyi beriyi kollama duygusu edinmişlerdi. 1940'lı yıllarda, yeni okuma-yazma öğrenmiş bir çocuğun, sokaklarda ya da resmi kurumlarda karşılaştığı ilk ürkütücü görüntü, 'Sus! Yerin Kulağı Var!..' yazısı bulunan afişti. İkinci Dünya Savaşı, İstanbul insanının görme ve işitme duyularına ilişkin algılarında bir daralmaya neden olmuştu... Savaş ekmeğe, şekere, patiskaya... kısıtlama getirdiği gibi, algılara da bir kısıtlama getirmişti sanki! Sadece görme ve işitme değil üstelik; – o benzersiz yaz akşamlarında, Moda Burnu'ndaki evin bahçesinden gelen yasemin kokularını da doya doya içime çekmekten çekinir gibiydim...

İstanbul'un, karartma geceleriyle belleğimdeki varoluşu, 1950 yılında Kabataş Erkek Lisesi'ne okumak üzere gelişimde gördüğüm aydınlık imgeyle hemen yer değiştirdi. Deniz karanlık değil, gün ışığıyla donanmış bir ayna gibiydi. İstanbul'da önce mavi'yi fark ettim. On dört yaşımdaydım, algılarımı sınırsızca, dünyaya açabilirdim artık; – İstanbul'la birlikte ilkgençliğim de başlıyordu çünkü...

III

1950 sonbaharı başlarında üç gün üç gece süren tren yolculuğundan sonra Haydarpaşa Garı'na geldiğimiz o sabahtan başlayarak, uzun ya da kısa uzaklaşmalar dışında, yaşamımın elli yılına yakın bir bölümünü yaşadığım bu kentin, bendeki ilk bellek mekânı, Fatih'tir. Bir anlamda kendimi Fatihli sayarım. 1945'te bir yıl kaldığımız İstanbul'da, Zeyrek'e yakın bir küçük sokakta, 'Fenerci Hüseyin Çıkmazı'nda oturduk. Bu ev, babamın dayısının oğulları olan Halil, Ahmet ve Misbah Alkan kardeşlerin eviydi. Alkan kardeşler, o yıllarda Eminönü ile Unkapanı arasında bulunan İstanbul Meyve Hali'nde toptan meyve ticareti yapıyorlardı. Eşleri ve çocuklarıyla kalabalık bu aileye, neredeyse bir yıl konuk olduk. Bu uzun sürmüş konukluk şaşırtıcı gelebilir, ama babamın da annemin de, ısrarla, 'Ayrı eve çıkmak istiyoruz!' diye diretmelerine karşın, başta babamın yengesi (ve Alkan kardeşlerin anneleri) Azize Nine olmak üzere, 'Hiçbir yere gitmiyorsunuz!' itirazlarıyla, o evde oturmak durumunda kaldık. Ahşap döşemeli, üç katlı ahşap bir evdi bu! 1945 yılıydı ve İstanbul'da ahşap evlerin başbelası ise, geceleri, sürüsüne bereket, odanın her yanında cirit atan tahtakurularıydı! Filitle yapılan ilaçlamanın, (o yıllarda, filitlerde, D.D.T. diye bilinen bir ilaç kullanılıyordu) çoğu kere hiçbir işe yaramadığının yakın tanığıyım. Geceleri, sabaha kadar, onlara karşı en olmadık yöntemler geliştiren anneme bile 'elaman!' dedirten bu pis haşerenin, ısırmadığı çok az yerim kalmıştı çünkü... O yıl Fatih'te, ilkokul dördüncü sınıfa başlamıştım (1945-1946 ders yılı!) ve o yıllarda İstanbul ilkokulları, kendilerine verilen numaralarla anılmaktaydı. Benim ilkokulum (daha sonra adı 'Akşemseddin İlkokulu' olan) 40. İlkokul'du. Kaymakamlık binasının ve şimdiki Fatih Askerlik Şubesi'nin hemen yanından sapılarak Zeyrek'e çıkan caddedeydi okulum. Bizim kaldığımız Fenerci Hüseyin Çıkmazı'na çok yakın... Annem, tahtakuruları beni uyutmuyorlar, diye okulda başarısız olacağımı düşünüp üzülüyordu: 'Çocuk, uykusuz uykusuz gidiyor mektebe...' diye yakınıyordu Azize Nine'ye, 'şu menhus tahtakuruları yüzünden... Derslerine menfi te'siri olacak, diye bayağı endişe ediyorum...'

İlkokul dördüncü sınıfı 40. İlkokul'da okuyup beşinci sınıfa geçtiğim 1946 ilkyazında babam, bu kez Samsun'un Terme İlçesi'ne kaymakam olarak atandı. O yazdan sonra tastamam dört yıl, liseye başlayacağım 1950'ye kadar İstanbul'da olmayacaktım artık...

IV

İstanbul'a son ve artık temelli gelişimiz de, tıpkı bundan önceki gelişimiz gibi, babamın dayısının oğulları Halil, Ahmet ve Misbah Alkan kardeşlerin evlerinde konuklayarak başladı. Ama artık Zeyrek'te, Fenerci Hüseyin Çıkmazı'ndaki o ahşap ve tahtakurulu evde oturmuyorlardı. Unkapanı'nda, Şebsefâ Camii'nin hemen yanındaki Meyveli Bostan Sokağı'nın başında, 1 no'lu eve taşınmışlardı. (Ayraç içinde belirteyim: İstanbul'daki birçok sokaklar gibi, Meyveli Bostan Sokağı da yok oldu. Şimdi o sokağın yerinde İ.M.Ç. blokları var...) Kabataş Erkek Lisesi'ne başladığım 1950 sonbaharında, okula bu evden gidiyordum... Yatılı okuyordum, ama 'daimi' leylî (yatılı) değildim; hafta sonları 'evci' çıkabiliyor, cumartesi gecelerini ailemle geçirebiliyordum. Okula pazar akşamı, en geç saat 21.00'de dönmem gerektiğinden, bizimkiler gece o saate kadar kalmayayım diye, pazar öğleden sonra okulda olmamda ısrarlıydılar. O yüzden de, pazar ikindi kahvaltısından sonra, akşama doğru ve hava kararmadan, annemin elini öpüp onun, 'Allah zihin açıklığı versin evladım...' dualarıyla uğurlanıyor, Meyveli Bostan Sokağı'ndan hemen Küçükpazar Caddesi'ne çıkıyordum. Bu caddeden Eminönü'ne indiğimde, Bebek-Eminönü tramvaylarından birine yetişmeye çalışıyordum...

Bebek-Eminönü tramvaylarının bir özelliği vardı. İstanbul yakasındaki bütün tramvaylar ya bir ya da iki arabadan oluşurken, Bebek-Eminönü tramvayları üç arabalıydılar. Tek arabalar, birinci mevkiyseler eğer kırmızı, ikinci mevkiyseler yeşil boyalıydılar; iki arabalı tramvaylarda, vatmanın bulunduğu ilk araba kırmızı (birinci mevki), ikinci arabaysa yeşil (ikinci mevki) oluyordu. Bebek-Eminönü tramvaylarına gelince, onlarda ikinci mevki arabaların sayısı, ikiydi: Önde bir kırmızı araba, arkasında ona ve birbirlerine bağlı iki yeşil araba...

Birinci ve ikinci mevki tramvaylar arasındaki farkı anlatmalıyım sırası gelmişken. Birinci mevkide koltuklar deriden (sahtiyan) yapılmıştı; ikinci mevkidekilerse ahşaptan! Elbette bilet ücretleri de farklı olacaktı: Biz öğrenciler, paso'muz olduğu için, birinci mevkide beş kuruşa, ikinci mevkideyse üç kuruşa yolculuk edebiliyorduk... 1950 yılında bir öğrenci, birinci mevki tramvaylardan birinin tek kişilik koltuğuna kurulup Eminönü'nden Bebek'e beş kuruşa yolculuk edebilmekteydi! Ancak bir koşulla: Eğer tramvayda, ayakta yaşlı bir bey veya hanımefendi ya da çocuklu bir kadın yoksa! Tuhaftır, kalabalık tramvaylarda gençlerin, yaşlılar ya da çocuklular ayakta dururken oturmaları hiç de hoş karşılanmazdı İstanbul'da. Galiba, İstanbullu olma kimliğini, ilk kez, tramvaylarda oturma adabını öğrenerek ediniyorduk. Yaşlılar ya da çocuklular ayaktayken, koltukta umursamazlıkla oturan gençleri yolcular biraz sertçe uyarırlar, çocuk da mahcup, kalkıp yerini verirdi. Yolcular uyarmadılar mı, o zaman biletçi uyarı görevini üstlenirdi. Buna çok tanık olmuşumdur.

Tramvaylara arkadan binilir ve önden inilirdi. Arka kapının hemen yakınında duran biletçi, dikdörtgen biçiminde kapaklı bir kutuya yerleştirilmiş olan tramvay biletlerini (tam, öğrenci, er, aktarma) bir ucu silgimsi lastikle kaplı bir kalın kalemle işaretler, sonra kalemi ters döndürüp lastikli ucuyla bileti koparırdı. Tramvay biletlerinin üzerinde İstanbul Bölgesi'ndeki tramvay hatlarının şematik bir çizimi bulunur, biletçi yolcuya biletini verirken, bilet üzerinde, nereden binildiyse orayı işaretlerdi. Biletçilerin boyunlarına asılı, iki küçük pirinç topuzla birbirine kenetlenerek kapanan, yarımay biçiminde deri para çantaları vardı. Yolcudan parayı alıp çantaya atar, paranın üstünü vermek gerekiyorsa, çantayı şıngırdatarak bozukları çıkartırlar, sonra afili afili kapatırlardı.

1950'li yılların İstanbul'unda tramvay, kent ulaşımı yükünün büyük bir bölümünü taşıyordu. Otobüsler ve dolmuşlar da vardı elbet, ama deyiş yerindeyse, başat olan ulaşım aracı, tramvaydı. Kent kültüründe tramvayların simgesel bir önemi de vardı kuşkusuz. Kente ilişkin saygı ve nezaket kurallarının, büyük ölçekte tramvaylarda yaşama geçirilme ve örnek alınma olanağını buluyor olması bir yana, insansal ilişkilerde de tramvay söylemine ilişkin terimler kullanılıyor olmuştu. Özellikle de tramvay söylemi, o yozlaşmamış (evet, yozlaşmamış!) İstanbul külhanbeyi argosunda simgesel bir referans gibiydi. Tanımadığı bir kadına ya da genç kıza, arkadaşlık teklifi için yanaşıp konuşmaya çalışmak, 'asılmak' diye adlandırılıyordu. 'Asılmak', tramvayların kapılarına asılarak parasız yolculuk edenler için kullanılan bir eylem-sözcüğüydü. 'Asılmayalım, Depoya Gider!' ise, arkadaşlık ya da birlikte olma önerisinden herhangi bir olumlu sonuç alınmasının söz konusu olmadığı durumlar için kullanılmaktaydı. [Ayraç içinde belirteyim: İstanbul argosunun da giderek bozulup yozlaşmasının tipik örneği, 'asılmak'ın yerini, örneğin, 'askıntı olmak' gibi uyduruk bir argo-sözcüğün almış olmasıdır. Dil uzmanları, elbette daha doğrusunu söyleyeceklerdir, ama bana öyle geliyor ki, argo dilinde de nesnel karşılıklar olması gerekiyor. 1950'li yılların İstanbul insanı, özellikle de biz gençleri için, 'asılmak', 'tramvaya asılmak' gibi somut bir imgede nesnel karşılığını buluyordu; – hani T.S. Eliot'un şiir için kullandığı 'objective correlative' gibi bir şey... 'Asılmayalım Depoya Gider!' de öyle! Nitekim, tramvayın, istenilen yere değil de, tramvay deposuna gidiyor olması ile, 'asılanın' kadın ya da genç kızdan, argo deyişle, 'iş çıkmaması' arasındaki somut ve nesnel ilişki (correlation) gibi...]

Tramvayın çocukların yaşamındaki etkisi de, özellikle çocuk oyunlarında ve çocuk deyişlerinde de kendini gösterirdi. Bakınız örneğin,

Dan dini dan dan, çekilin yoldan! Geliyor vatman!

ezgisi, çocukların 'vatmancılık' oyunlarının vazgeçilmez klişelerinden biriydi. Söylemesi bile fazla belki: 'Dan dini dan dan...', vatmanın yolu kapatan araç ya da insanlar varsa, onları uyarmak için çaldığı çandı. Ama bu çan, elle değil, vatmanın ayağının altında bulunan ve otomobillerin fren ya da debriyaj pedallarına benzer bir pedalla çalınıyordu. Öteki taşıt araçlarının sürücülerinden farklı olarak vatman, tramvayı oturarak değil, ayakta sürerdi.

Burada bir durumun da altını çizmek istiyorum. Vatmanın bulunduğu sahanlıkta yolculuk etmek kesinlikle yasaktı. Ama gene de, orada resmi üniformalı görevlilerin bulunmasına izin verilmişti. Subaylar ve polisler, yolculuk edebiliyorlardı sahanlıkta. Ayrıca, malul gazilerle birlikte subay ve polisler de, tramvaya önden binebilmek ayrıcalığına sahiptiler.

Arka sahanlıksa, yolculuk sırasında sigara içmek isteyenlerin mekânıydı, denebilir. Tramvayların içinde sigara içilmesi kesinlikle yasaktı. O yüzden de arka sahanlık, sigara içenlere ayrılmış bir mekân gibi olmuştu. Tramvay çok kalabalıksa ve arka sahanlık da tıklım tıklım dolmuşsa, o zaman sigara içilmez, o sıkışıklıkta sigara içmeye kalkanlara ters ters bakılırdı. Sıkı tiryakiler bile içmemeye özen gösterirlerdi o koşullarda...

Ben, ortaokulda sigaraya başlamış biri olarak, kendimi sıkı tiryakilerden saydığımdan, yaz kış genellikle (ve tramvay tenhaysa elbet!) arka sahanlığı yeğlerdim. Hem sigara içebilmek için, hem de çevreyi daha iyi seyredebilmek için! Ama benim asıl keyifle yolculuk yaptığım yer, vagonun içine girer girmez, kapının hemen sağındaki ilk tek kişilik koltuğun arkasında bırakılmış olan o dar ve küçük bölmeydi... Orada kendimi daha güvende mi hissediyordum, bilemem! Ama kesin olan şuydu ki, o bölmeden tramvayın içindekileri çok hâkim bir konumda seyredebilme olanağını buluyordum. Hâkim, evet, çünkü ben orada herkesi rahatça seyredebilirken, başkalarının beni, ben farkında olmadan gözetlemelerine olanak vermeyecek bir konumdaydım...

Tramvayı bir cinsel boşalım mekânı olarak kullananlar da vardı. Bunlar, özellikle kız liselerinin dağıldığı saatlerde duraklarda beklerler, tramvaya, kız öğrencilerle iyiden iyiye kalabalıklaşınca binerlerdi. Bunlara genellikle 'dayamacı' deniyor ve yaptıkları iş ise, o yılların İstanbul argosunda 'kertme(k) diye adlandırılıyordu. (Şimdi, sanıyorum 'fordcu' deniyor!) Fatih'te, çoklukla Şehzadebaşı Parkı'nın hemen yanındaki gazete bayii Mehmet Abi'nin gazete kulübesinin önünde tramvay bekleyen bir Fethi Ağabey vardı ki, 'Dayamacı Feti Abi' diye biliniyordu. Fethi Ağabey, bu konuda gerçekten uzman kesilmişti, – tramvayda 'iş veren' kızları ve kadınları gözlerinden anladığını söyleyecek kadar!

Tramvayların benim ilkgençlik yıllarımın aşklarındaki yeri de yadsınamaz. Şundan dolayı: Lise son sınıftayken, 1953 yılıdır ve ben on yedisini sürmekte olan bir yeniyetmeyimdir, yatılılıktan bıkmış ve evdekilerin de olurunu alarak gündüzlü ('nehari') olmuştum. Bu, elbette her sabah Fatih tramvay durağından hareket eden okul tramvaylarından biriyle yolculuk etmeye başlamam demekti. İstanbul'daki tramvay durakları, 'mecburi' ve 'ihtiyari' duraklar olarak iki öbekte toplanmıştı. 'Mecburi' duraklar, inen ya da binen yolcu olsun olmasın, vatmanın durmak zorunda olduğu duraklardı. 'İhtiyari' olanlarsa, bütünüyle vatmanın 'takdirine' bırakılmıştı: Biletçi, bu kez vatman sahanlığının tavanına yerleştirilmiş olan bir çanı, meşin bir kordonu çekerek çaldırır, vatmanı inecek yolcu olduğu konusunda uyarırdı. İnecek ya da binecek yolcu yoksa eğer, vatman 'ihtiyari' duraklarda hiç durmaz, bazen yol açık olmasına karşın, ayağının altındaki çan pedalına basıp 'dan dini dan dan...' sesleriyle tramvayı hızla sürer giderdi. Bu seslerin şen, çocuksu ve güleç ritmini hiç unutmadım...

Genelde, insanlar tramvaylarda bir aşinalık edinirler. Her sabah tanıdık yüzleri görürdünüz tramvaylarda. Ben Ortaköy'e, okula gideceğim için, Fatih'ten Beşiktaş-Fatih tramvayına biner, Beşiktaş'ta inip ya bir Ortaköy-Aksaray ya da bir Bebek-Eminönü arabası beklerdim. Fatih'ten Cağaloğlu'ndaki İstanbul Kız Lisesi'ne ya da Fındıklı'daki Atatürk Kız Lisesi'ne giden kız öğrencilerle tanışmıyorduk, ama tanıyorduk birbirimizi... İlk kez âşık olduğum kızı da tramvayda görmüştüm önce. İstanbul Kız Lisesi'ne gidiyordu. O yıllarda genç bir kızla bir erkeğin bugün olduğu gibi kolayca ilişki kurabilmesi söz konusu bile değildi elbet; –bir hayal-i muhâl! Ya, tramvayda bakışlarımla ya da tramvaydan indikten sonra evinin bulunduğu sokağa kadar izleyerek onunla ilgilendiğimi belli etmekten öte yapılacak bir şey yoktu! Ya da, bütün cesaretimi toplayarak yanına yaklaşmak ve elbette utana sıkıla 'birlikte yürümeyi' önermek gibi bir olasılık ('asılma' olasılığı) da yok değildi, ama bu birçok bakımdan kolay kolay göze alınamıyordu. Bir kere, hakarete uğrayıp kovulmak ya da oturduğu mahallenin delikanlılarınca eşek sudan gelinceye kadar dövülmek söz konusuydu. Ben tabansız ve ürkek bir âşık olduğum için, kızın yanına yaklaşamadım bir türlü. 'Ben sana hayran, sen cama tırman!' ilişkisi bağlamında sürdü gitti bu tek yanlı aşk. Kızla ancak iki yıl sonra, o da benim gibi Hukuk Fakültesi öğrencisi olduktan sonra, üniversite yıllarında tanışacaktık! Doğallıkla, buna 'tanışma' denirse! Çünkü, üniversite öğrenciliğinin yanı sıra, öğleden sonraları Levent'te bir ecza fabrikasında çalıştığını öğrenmiştim. Fakülteden çıkar çıkmaz, Beyazıt otobüs durağında bekliyor ve bir otobüsle işe gidiyordu. Kabataş Lisesi'nden Nevzat adında bir arkadaşımla tanıştığını öğrendiğimde de, yalvar yakar Nevzat'ı razı etmiş ve otobüs durağında tesadüfen karşılaşılmış gibi, beni onunla tanıştırmasını istemiştim. Hergele Nevzat, anamdan emdiğim sütü burnumdan getirdikten sonra, benim ayrıntılarıyla belirlediğim tanışma planını, nihayet uygulamaya razı oldu. Sonunda, plan uygulandı ve biz Nevzat aracılığıyla 'resmen' tanıştırıldık. Otobüse üçümüz birden bindik: Plana göre Nevzat'ın Aksaray'da inmesi gerekiyordu, ama inmedi! Beni öfkemden çıldırtarak Unkapanı'na kadar geldi ve lütfedip orada indi. Kız oturuyor, ben de onun yanı başında ayakta dikiliyordum. Heyecandan küçük dilimi yutmuştum ve mümkünatı yok, tek kelime bile edemiyordum! Taksim'e geldiğimizdeyse, kızara bozara, 'Allahaısmarladık!' diyebildim ancak ve kendimi otobüsten dışarı attım...

OKUMA PARÇASI: I

HATIRLAYIŞ

Bir kere de sonbaharda
Beni sokaklardan sorun
Kestaneci Süleyman'dan
Duru tazeliğini yağmurun.

Ah! Neler düşünüyorum Tanrım
Aydınlık evlerden mi zorum
Yağmurlardan sonra yaşadığımı
Hüzünlü şarkılar gibi hatırlıyorum.

Sonra sen Hümeyrâ, sen
Yaşamak kadar güzel dilber
Alacalı rüzgârlarda ne kadar sade
Seviştiğimiz günler.

Sonra sizi insanlarım sizi
İşiniz-gücünüz yerinde
Duyuyorsunuz sıcaklığını evlerinizin
Sonbahar güneşlerinde.

Ah! Neler düşünüyorum Tanrım
Aydınlık evlerden mi zorum
Yağmurlardan sonra yaşadığımı
Hüzünlü şarkılar gibi hatırlıyorum.

Hilmi YAVUZ
(*Dünya* Gazetesi, Sanat Sayfası,
1 Nisan 1954)

V

Halil, Ahmet ve Misbah Alkan kardeşlerin, Küçükpazar'da, Meyveli Bostan Sokağı 1 numaralı evinde 'misafireten' bir buçuk ay kaldıktan sonra, bu konukluktan iyice tedirgin olan babam, bir akşam, uzun ve zahmetli arayışlardan sonra, Fatih'te 'kiralık bir ev' bulduğunu ve Kıztaşı'nda üç odalı bir daireyi kiraladığını söyledi. Kıztaşı'nda, taşın hemen karşısında, Kıztaşı Caddesi'nin Sarıgüzel'e dönen köşesinde, Çiner Apartmanı'nın ikinci katı! Adresimiz şuydu artık: 'Kıztaşı, Çiner Apt. Kat: 2, No: 5, Fatih, İstanbul'. Bu adres, 1956 yılının 15 Ocak'ından başlayarak yayımlayacağımız '*a*' dergisi'nin de ilk 'idarehane'si olacaktı. Derginin yazışma adresi olarak, bizim ev görünmekteydi...

'*a*' dergisi'ni yayımlama düşüncesi İstanbul Üniversitesi Hukuk Fakültesi'nin Kantini'nde, o yıllarda kantindeki büyük yuvarlak masalardan birinde söze dönüştü. Erdal Öz, Onat Kutlar, ben, 1954-55 ders yılında Hukuk Fakültesi'nin birinci sınıfındaydık; Adnan Özyalçıner ve Kemal Özer Edebiyat Fakültesi Türkoloji Bölümü'nde. Dergiye ilgi duyan edebiyatsever arkadaşlarımızın büyük bir bölümü de Hukuk Fakültesi'ndeydiler. Hikmet Sami Türk, Önay Sözer, Ergin Ertem, Ünal Tekinalp! (Ünal Tekinalp, şimdi Hukuk Fakültesi'nde Ticaret Hukuku profesörüdür; Hikmet Sami Türk de öyle!

Biliyorsunuz, şimdi Adalet Bakanı.) Bu arada şunu da belirteyim. 1954-1955 yılı Hukuk Fakültesi birinci sınıfı, Türkiye'de en çok profesör çıkaran sınıf olmuştur. Ünal Tekinalp ve Hikmet Sami Türk'ten başka, bizim sınıftan profesör olanları anımsatayım istiyorum: Erdoğan Moroğlu (Ticaret Hukuku Profesörü), Önay Sözer (Felsefe Profesörü), Rona Aybay (Medeni Hukuk Profesörü; Rona ayrıca Kabataşlıdır), Pertev Bilgen (İdare Hukuku Profesörü), Bilge Umar (Medeni Hukuk Profesörü), Gülören Güzelçam (Tekinalp; Devletler Hususî Hukuku Profesörü), Erol Cihan (Ceza Hukuku Profesörü), Sait Güran (İdare Hukuku Profesörü). Bir sınıftan tastamam on profesör! Bu, herhalde, Hukuk Fakültesi tarihinde bir rekor olmalıdır!

Daha önce de belirttiğim gibi, bu sınıf, bilim adamlarıyla olduğu kadar edebiyatçılarıyla da öne çıkmış bir sınıftır. Ünal Tekinalp, çok çalışkan bir Hukuk öğrencisi olmasının yanı sıra, şiirler de yazıyor; antolojiler düzenliyordu. (Yeditepe Yayınları için hazırladığı iki ciltlik 'Yeni Türk Şiiri Antolojisi'ni anımsatmak isterim!) Önay Sözer de öyküler ve düşün yazıları yazıyordu (Nitekim, Hukuk'u bitirdikten sonra Felsefe'de asistan oldu), Erdal Öz'ü, Onat Kutlar'ı söylemiştim. Yiğit Okur da bizim sınıftaydı. O da, örneğin *Vatan* gazetesinin 'Sanat Yaprağı'nda şiirler yayımlıyordu. Kabataş'tan arkadaşımız Seyfi Özgen, Hukuk'ta, bizim sınıftaydı; o da öyküler yazıyordu. (Şimdi nerededir, kimbilir?) Kantin'deki yuvarlak masamızda devamlı olarak boy gösteren Erdal, Hilmi, Ergin ve Onat'ın yanı sıra, arada bir görünenler arasında Hikmet Sami Türk'ü, Seyfi Özgen'i saymalıyım. Hukuk Fakültesi'nde bizden büyük sınıfta olmasına karşın Demir Özlü ve Ercüment Uçarı gibi Adnan, Kemal ve Konur (Ertop) da 'daimiler' arasındaydılar. Onlar da Türkoloji'deki derslerine girmek yerine, Hukuk Kantini'nde bizlerle oturmayı yeğliyorlardı. Doğan Hızlan ise, o yıl Pertevniyal Lisesi son sınıf öğrencisiydi (Doğan, yaşça bizden küçüktür); ilk yıl ara sıra, ama daha sonra sık sık, yuvarlak masanın başında görecektik onu...

Bir gün nasıl olduysa, içimizden biri bir dergi çıkarma düşüncesini ortaya attı. Bu, Onat ya da Erdal olabilir! Söyleyecek sözümüz olduğuna ve yerleşik ('established') edebiyat değerlerine karşı çıkmaya kararlıydık. O yüzden de 'dergi' düşüncesi hemen benimsendi. Hesaplar yapıldı, kimlerin yazacağı saptandı. Bu, bir kuşak dergisi olacaktı...

Derginin finansmanını, tahmin edileceği gibi, biz yapacaktık. Biz, yani derginin kadrosunu oluşturanlar! Kemal'le Adnan, Çemberlitaş'ta, Şahap adında bir matbaacıyla konuşmuşlar. Türkiye Ticaret Matbaası (dizimevi) onunmuş. Şahap, Dergi'yi ucuza mal edeceğini, ama Vatan'ı peşin görmek istediğini söylemiş! Vatan'dan da, parayı kastediyormuş! Sonradan aramızdaki adı, 'Vatan Şahap'a çıkan bu matbaacıyı, ilk sayının basımı sırasında tanıdım. Gözleri velfecri okuyor ve tipik bir üç kâğıtçı izlenimi veriyordu. Paradan başka hiçbir şeye değer vermediğini, paraya 'Vatan' deyişinden anlamak mümkündü elbet; ama hesabı da ona göre çıkartıyordu: İlk sayı bize 100 Vatan'a (100 liraya) mal olmuştu...

Derginin ilk sayısı, daha önce de belirttim, 15 Ocak 1956 günü yayımlandı. O sayıda, benim 'Cıgara İçmek Yasaktır', Onat'ın 'Giz' adlı bir şiiri yer alıyordu. Bir de Ercü'nün (Ercüment Uçarı) iki şiiri.

Erdal Öz'ün Salâh Birsel'in 'Günlüğü'nü yerden yere vuran 'Günlük Değil Kedi Salçası' adlı eleştiri yazısıyla 'İlhan Berk'e Bir Soru' başlıklı soruşturmaya İlhan Berk'in verdiği yanıt ve Kafka'nın 'Bir Kavuşak' başlıklı metni, bu bir yapraklık (iki sayfalık) derginin ilk sayfasında yer alıyordu. İkinci sayfadaysa Mustafa Erhün'ün (Onat Kutlar'ın kardeşi Erhün Kutlar) 'Gün Işığı' öyküsü ve Uğur Cankoçak'ın Nurullah Ataç'ın 'Prospero ile Caliban'ı üzerine bir eleştiri yazısı... Derginin künyesi ise şöyleydi: ***a,*** her ayın on beşinde yayımlanır aylık sanat dergisi: Sahibi ve Yazı İşlerini idare eden sorumlu müdür: Edip Özyörük. Soruşma adresi: Kıztaşı, Çiner Apt. No. 5, Kat: 2, Fatih, İstanbul. (Bu, daha önce de belirttim, bizim evin adresiydi) Sayısı 25 kuruş. Yıllık abonesi 300 kuruş. Dizildiği yer: Türkiye Ticaret Dizimevi, İst. Çemberlitaş. Basıldığı yer: Yeni Pınar Basımevi. İst.

Hepimizin cebinden her ay onar lira vererek (az para değildi bu!) yayımladığımız dergi, yerleşik edebiyat düzeninde kargaşaya neden oldu. Hele Tahsin Yücel'in *Haney Yaşamalı* adlı öykü kitabıyla Sait Faik Hikâye Armağanı'nı almasını hiç mi hiç onaylamadık. Yücel'i, *Varlık* Yayınları ve Yaşar Nabi Nayır'la olan ilişkileri dolayısıyla 'yazınsal iktidar'ın genç temsilcisi olarak görüyorduk. Biz, başta yazınsal olmak üzere, büyük harfle İktidar'a karşıydık ya, bizden olsa olsa üç yaş büyük olan Tahsin'in, Yaşar Nabi Nayır ve edebiyat *establishment*'inin değil, bizim yanımızda olması gerekiyordu bize göre!

Dergi, özellikle o yıllarda bizimle yazınsal İktidar arasında kalan ara kuşaktan da büyük destek gördü. Edip Cansever, bir süre sonra Dergi'nin koruyucusu oldu. Cemal Süreya, Turgut Uyar ve o sırada etkinliğini duyurmaya başlayan 'İkinci Yeni' şairleri *a*'ya arka çıktılar.

Cemal'in (Süreya) o sonradan adı çok geçecek olan 'Folklor Şiire Düşman' adlı ünlü yazısı, ilk kez, *a* dergisinin 6. sayısında (1 Ekim 1956) yayımlandı. Benim, sevgili Tezer ve Sezer Özlü'nün fena halde dalga geçtikleri 'Dön Bana' adlı şiirim de o sayıdaydı...

Dergi, 1956 sonundan başlayarak boyunu küçülttü ve sayfalarını artırdı. Bunda, Edip Cansever'in parasal desteğinin elbette çok büyük payı vardı. Akşamları, Fatih'te, Ali Emirî Efendi Kütüphanesi'nin (Millet Kütüphanesi) yanındaki Yıldırım Kahvesi'nde toplanıyorduk. Dergi çalışmalarını, Hukuk Kantini'nden Yıldırım Kahvesi'ne taşımıştık Edip'in bu çalışmalara katılmasını sağlamak için... Edip de, Yıldırım Kahvesi ile Ali Emirî Efendi Kütüphanesi'nin arasındaki sokakta, çok yakında oturuyordu. Benim ev Kıztaşı'ndaydı; Onat, Vezneciler Talebe Yurdu'nda kalıyordu; Adnan Edirnekapı'da, Kemal, Aksaray'da oturuyordu; Erdal Fındıkzade'de... Hukuk'tan sınıf arkadaşımız Ferit Öngören'in de aramıza katılmasıyla bir de karikatüristimiz olmuştu. Ferit, edebiyatla da yakından ilgiliydi ve şiirlerimizi, yazılarımızı okuyup eleştirilerini söylüyordu. Edip'in o yıllarda yayımlanan *Petrol* kitabını da desenleriyle bezeyen oydu; – Ferit Öngören!

1957 yılı başında ben *Vatan*'da çalışmaya başladıktan sonra, *a* ile ilişkilerim giderek azaldı. Uzunca bir süre, şiirle ilgilenmeyecektim artık. Öykü ve roman, daha çok çekiyordu beni...

OKUMA PARÇASI: II

ÇİMEN SAKALLI ADAM

–Hasan Gürses'e adandı–

Cumartesi akşamları başkadır. Sokaklar, ırmaklar başkadır. O akşamlar gölgelerle karışık güneş dalları düşer sulara. Sonra ıhlamur çiçekleri. Sular güneş dallarını alıp götürsün isterim hep. Ama onları yalnız akşam, o avuç içini doldurmayan soluk gri gülüşlerin tuttuğu cumartesi akşamları alıp götürür. Cumartesi akşamları başkadır. Güllerin o akşamlar büyüdüğünü, O'nun, âh evet Birsen'in, sokaklarda ve başka adamların suratlarında beni aradığını, çekingen ve ürkek beni aradığını bilirim. O akşamlar kapıyı sessizce kapatıp sokağa çıkarım. Parka, büyük karanlık gövdeli ıhlamur ağaçlarının olduğu parka giderim. O, parktadır. Gider usulca yanına otururum. Dudakları boyasız ve soluk.

– Seni aradım, der. Sokaklarda ve başka adamların suratlarında.

– Biliyorum derim. Ama neden mahzunsun öyle?

– Bilmiyorum ki, der. Her zaman yalnızım, ama her zaman biraz daha yalnız olmaktan korkuyorum. Bilmiyorum neden öyledir. Bilmiyorum. Yalnız ellerimi sulara bırakmak, sularda ıhlamur çiçeklerini avuçlamak, ıslak ıslak parmaklarımın arasında ezmek istiyorum.

Ben ellerimi sulara bırakmak istemem, diyorum kendi kendime. Çünkü onlar, yalnız cumartesi akşamları benimdir. Onları, âh evet, ince, lekeli ve morumsu beyaz, saçlarımda, tenimde, sıcaklığımda duymak isterim.

Ama o adam başkadır. O suratında sakal yerine çimen biten adam. Lavanta çiçeği kokulu, bembeyaz bir gömlek, dar, mavi bir pantolon giyer. Kolları dirseklerine kadar sıvalı ve ayakları çıplak. Geceleri parktan el ayak çekildikten sonra gelir, çimenlerin üstüne yüzükoyun uzanır. Öyle durur biraz. Sonra hep çimenlere doğru eğilir, hüzünle, ama sokakları ve gülleri tutan bir hüzünle şarkı söyler. Bir uzak, bir tuhaf.

O akşam da kapıyı sessizce kapatıp sokağa çıkınca, suratıma menekşeler attılar. Suratıma ve saçlarıma. Korktum. Kapının demirlerine yaslandım.

– Kim o, diye bağırdım.

Ihlamur ağaçlarının altında bir gölge kımıldandı.

– Kim o, dedim bir daha. Birden nasıl oldu bilmiyorum, ıhlamur ağaçları büyük bir uğultuyla üst üste yıkıldılar. Karışık, anlaşılmaz hüzünlü birtakım sesler duydum, iniltiler. Gözlerim yandı ıhlamur çiçeklerinden. Kaçtım. Koşa koşa parka gittim. Park sessizdi. Kimsecikler yoktu. Yalnız o çimen sakallı adam, çimenlerin üstüne yüzükoyun uzanmış şarkı söylüyordu. Ayaklarımın ucuna basa basa yanına gittim. Çimenlere uzandım.

– Biliyor musunuz, dedim. Çocuksu ve utangaç. Bu akşam suratıma menekşeler attılar. Sonra ıhlamur ağaçları yıkıldı birdenbire.

Şarkısını kesti, bana döndü.

– Biliyorum, dedi.

– Sahi kimdi o, dedim.

– Gölgemdi, dedi, o her cumartesi akşamı yalnız adamların suratına menekşeler atar.

– Ya siz, dedim, ya siz?

– Ben mi, dedi. Ben hep çimenlere, buğdaylara, menekşelere ninni söyledim. Çimenler uyusun büyüsün, diye ağladım. Benimle beraber çimenler, buğdaylar, menekşeler ağladı. Yağmurlar ela gözlü olsun, gökyüzü menekşeli olsun, diye ağladım ninnilerimde.

– Ben ağlarsam yalnız ağlarım, dedim. Ürkekçe.

– Sus, diye bağırdı. Sus! Bu dünyada kimse artık yalnız olmayacak. Herkes benimle, çimenlerle, buğdaylarla beraber olacak. Güllerle ela gözlü bir yağmurda el ele tutuşacağız. Dans edeceğiz. Saçlarımız yağmurun elinde. Üstümüzde daha yakın, daha başka menekşeli bir gökyüzü. Artık hiç ağlamayacağız.

Oysa, içimde ağlamak. Çimenlerin soluk, yeşil yalnızlığına bir mahkûm gibi ağlamak.

Birden aklıma geliyor:

– Ya unutursan, diyorum.

– Ben unutmam, diyor. Çimenler bu denli mahzun oldukça ben unutmam.

İçimden Birsen de mahzundur, diyorum. Öyledir ben, elleri yalnız cumartesi günleri kendinin olan adam, suratına ninnili menekşeler atılan adam. Onu, ıhlamur ağaçlarının yıkıldığı yerden uzakta bir parkta bekleyeceğim. Herkesin yeşil benekli, kalın bardaklarda sıcak ıhlamur içtiği bir parkta. Parmaklarımda, rüzgârsız, ince bir ıhlamur kokusu çıkıp gelecek. Gökyüzünde havai fişekler, donanmalar ve menekşeler. Ellerimi sulara bırakabilirim artık.

(1957'de yazıldı; yayımlanmadı)

VI

Oysa, '*a*' dergisinden çok önce başlamıştı benim edebiyatla, özellikle de şiirle olan ilgim. Kabataş Lisesi'ndeyken önce lise birinci sınıfta (1950-51 ders yılı, 4 B sınıfı) el yazılarımızla bir sınıf dergisi çıkarmıştık: *Sesimiz*... 4 B sınıfı, nerdeyse tümüyle edebiyat ya da sanatla ilgilenen yeniyetmelerin sınıfı! Bakınız, kimler vardı o sınıfta: Hasan Pulur (O zaman biz kendisini Hasan Nejat Pulur olarak biliyorduk), 'Devlet Sanatçımız' bariton Mete Uğur, Emin Faik Kul (daha sonra Türk-İş Genel Sekreteri ve ANAP'tan Çalışma Bakanı oldu), 40 yaşından sonra ressam olan Ergin Atlıhan (biz okulda ona 'Kefal' derdik; ama okul dışında daha çok 'Çılgın Ergin' diye bilinir)... Karikatüristimiz ise, Öznur Gürkem'di. Hasan, ben, Emin şiirlerimizle boy gösteriyorduk dergide; Ergin ve Mete, fıkralarıyla... Hasan'ın şiirler dışında düzyazı denemeleri de vardı. Bu dergiyi daha sonra *Dönüm* adı altında, okul dergisi olarak ve matbaa basımıyla yayımlayacaktık...

Dönüm dergisinin 'teknik sekreter'liğini Hasan Pulur yürütmekteydi. Edebiyat hocamız Behçet Necatigil'in 'nezaretinde' çıkarıyorduk dergiyi. *Dönüm*, Cağaloğlu'nda, Molla Fenari Sokağı'nda küçük bir matbaa işletmekte olan Özdemir Asaf'ın 'tesisleri'nde basılıyordu. 'Tesisleri' demem, lafın gelişi elbet! Özdemir Ağabeyin bir eski dizgi makinesi ve pedallı bir baskı makinesi vardı; hepsi o kadar! Ama, dizgi, düzelti ve baskı işleri için, Necatigil aracılığıyla okul yönetiminden izni koparıp soluğu Cağaloğlu'nda, Özdemir Asaf'ın San Matbaası'nda alınca, kendimizi edebiyat çevresinin içinde buluyorduk. Özdemir Asaf, o yıllarda çok ünlü bir şairdi ve matbaaya gittiğimizde, Türk şiirinin ve öykücülüğünün, en az Özdemir Ağabey kadar ünlü adlarını görüyorduk orada. *Vatan* gazetesi de Molla Fenari Sokağı'ndaydı. *Vatan* 1953 yılından başlayarak, haftada bir gün, iki sayfalık bir 'Sanat Edebiyat Yaprağı' (daha sonra tek sayfaya inerek 'Sanat Edebiyat Sayfası' olmuştur) çıkarmaya başlamıştı: Şakir Eczacıbaşı, Özer Esen, Özcan Ergüder ve Oktay Akbal yönetiyorlardı 'Sanat Edebiyat Yaprağı'nı. *Vatan*'ı Falih Rıfkı Bey'le Bedii Faik'in çıkardıkları *Dünya* gazetesinin 'Sanat Edebiyat İlavesi' izledi. *Dünya*'nın Sanat İlavesi'ni (Eki'ni) Adnan Benk yönetiyordu. 1950'li yılların İstanbul basınında sanat ve edebiyata büyük önem verilmekteydi. Nitekim, *Vatan* ve *Dünya* ile birlikte *Akşam* gazetesi de 'Sanat Sayfası' hazırlamaya başlamıştı. *Akşam*'ın Sanat Sayfası'ndansa Melih Cevdet Anday sorumluydu...

Düşünebiliyor musunuz, 1953-1955 yılları arasında, Türkiye'nin önde gelen üç gazetesi, Oktay Akbal, Adnan Benk, Melih Cevdet Anday, Özcan Ergüder, Şakir Eczacıbaşı gibi entelektüellere sayfalarını açıyor; onların yönetiminde, edebiyat ekleri yayımlayarak, şiirler, öyküler, düşünce yazıları basıyor! Geçen yüzyılın ikinci yarısının başlangıcında, Türkiye medyası, cıvık bir lumpenleşmenin bayağılığına ve boyalı sıradanlığına asla yüz vermeyen, müptezelleşmemiş bir basına sahip olmanın onurunu taşımaktaydı. Entelektüeller, henüz 'entel!' diye sarakaya alınmıyor; edebiyatçılar, yazarlar, düşün adamları gazetelerin saygın köşelerinde yer bulabiliyorlardı kendilerine... *Cumhuriyet* gazetesi, 1950'li yıllarda 'Sanat Edebiyat Eki' vermiyor olsa bile, ikinci sayfasında Hasan Âli Yücel'in, Bedri Rahmi Eyüboğlu'nun, Ahmet Hamdi Tanpınar'ın yazılarını okumak mümkündü. Gazeteler, tefrika romanlar da yayımlıyorlardı o yıllarda. *Dünya* gazetesinin Orhan Kemal'in *Hanımın Çiftliği* romanını tefrika ettiğini anımsıyorum. (Babam koyu bir CHP'li olduğu için evde *Dünya* gazetesi okunmaktaydı!) *Vatan*'da, Hemingway'in bir romanı, *Cumhuriyet*'te ise Reşat Enis'in! Bu ciddi gazetelerin 'arkası yarın'lı, 'çıkan kısmın özeti'li tefrika romanlarının yanı sıra, örneğin *Yeni Sabah*'ın (Safa Kılıçlıoğlu'nun *Yeni Sabah*'ı) Esat Mahmut Karakurt'un bir romanını yayımlamaya başlaması, 1950'li yılların basınının, edebiyatla olan ilişkilerini göstermek açısından dikkate değer. Esat Mahmut Karakurt, o yılların tıpkı Kerime Nadir gibi, 'çok okunan' yazarlarından sayılıyordu. Dolayısıyla, *Yeni Sabah*'ın, gerçek bir edebiyat yapıtını değil de, büyük tiraj getireceğini umduğu sıradan bir yazarın romanını tefrika etmeye kalkışmasını, Türkiye medyasının elli yıl sonraki gözü kapalı 'reyting' sululuklarına yaptığı öncü bir katkı (!) olarak da yorumlayabiliriz. Esat Mahmut Karakurt'un romanı 'Erikler Çiçek Açtı' adını taşıyordu ve *Yeni Sabah* o güne kadar alışılmadık bir duyuru yöntemine başvurmuş, İstanbul'un dört bir yanını 'Erikler Çiçek Açtı'nın renkli afişleriyle donatmıştı...

Romanın *Yeni Sabah*'a tiraj katkısı ne oldu, bilemem. Ama bildiğim bir şey var, o da, o yıllarda yayımlanan *Kara Kedi* adlı bir haftalık mizah gazetesinin, bu romanı, Fesat Armut Karaturp'un 'Erkekler Çiçek Açtı' adlı romanı, diye sarakaya aldığıdır. *Kara Kedi*, 1950'li yılların ortalarında, İstanbul'da çok etkin bir mizah dergisiydi. Gözü pekliği ve o dönemin etik normları açısından 'kabul edilebilir' sayılan müstehcenliği ile, adamakıllı okunan ve sözü edilen bir dergi!

Kara Kedi, Esat Mahmut Karakurt'la, 'Fesat Armut Karaturp' diye dalga geçmekle kalmadı, 1950'lerin başında yıldızı parlayan genç bir şarkıcıyı da diline doladı: Zeki Müren'i... *Kara Kedi*'nin dilinde Zeki Müren 'Zekiye Mürşen' oldu. Bir şarkıcının açıkça eşcinsel imâlar taşıyan giyinişi, davranışları, neredeyse 'castrato' sesi ve sürdürdüğü yaşam tarzıyla kamusal alanda 'görünür' olması, İstanbul insanını gerçekten çok şaşırtmıştır. Gazinolarda, radyo dergilerinde, magazin basınında, ilk kez böyle bir kimlikle yüz yüze geliniyordu. Dahası, Zeki Müren, film de çevirmeye başlamıştı. Film için özel müzik besteliyor (örneğin, Cahide Sonku ile oynadıkları 'Beklenen Şarkı' filminin o adı taşıyan şarkısı), alışılmadık, ama gözalıcı bir imaj inşa ediyordu. İnsanımız, bu imajın eşcinsel imâlar taşıyan işaretlerini görmezlikten gelmeyi yeğledi; imajın o yönüyle daha çok, *Kara Kedi*' ve ona benzer mizah yayınları ilgileniyordu. Üstelik, Zeki Müren hem iyi bir besteci, hem de iyi bir hânende idi Türk insanının, ama özellikle İstanbul insanının gözünde... 'Şöyle böyle' olabilirdi, ama ilk kez, klasik musikimiz, güfteyi anlaşılır ve 'tane tane' okuyan bir şarkıcı ile karşılaşmıştı. Halk, Zeki Müren'i özellikle filmlerinde tipleştirdiği masum, haksızlığa uğramış, yoksul, ama erdemli ve soylu âşık kimliğiyle benimsedi. Böylece Türkiye'de, arabeskin önü açılmış olmaktaydı...

Şunu da belirtmek hakgözetirlik olacaktır. Zeki Müren'in şarkıları, herkesin dilindeydi o yıllarda. Örneğin, 'Kalbimi bezl ederim minnet ü zevkle, dilersen'i, bir ara dilime pelesenk etmiştim. Dahası, İstanbul'da, kitap boyutunda birer ya da ikişer formalık fasiküller halinde basılmış şarkı güftelerini, sokak aralarında, 'En yeni şarkılar! Hani ya, en yeni şarkılar!' diye bağırarak satan seyyar satıcılar vardı. Yanılmıyorsam, bu güfte mecmuaları 25 kuruşa satılmaktaydı. Zeki Müren'in güftelerine talep bir hayli olmalı ki, bu mecmualarda onun güfteleri ağırlıklı olarak yer almaya başlamıştı...

Biraz da 1950'lerin nedense hep göz ardı edilmiş tabloid ve haftalık gazetelerinden söz etmeliyim. Bunlar, bir anlamda 'marjinal' gazetelerdi ve özellikle cinaî ağırlıklı polisiye haberleri daha ayrıntılı olarak işlemek amacıyla yayımlanmaktaydılar. Tümünün adını anımsamam olanaksız, ama bazılarını anımsıyorum: *Ayna*, galiba, bu gazetelerin en çok satanıydı. Bir ötekiyse *Kelepçe* adını taşıyordu. Tuhaftır, o yıllarda İstanbul (ve belki de bütün Türkiye!) cinayet haberleriyle nedense pek ilgilenmekteydi. Günlük gazetelerin adliye muhabirlerinin, örneğin, 'Sarıyer Cinayeti: Tatar Güzeli Sulhiye'nin esrarengiz ölümü hadisesinde yeni şahitler dinlenecek' gibi, 'Ercüment Çiftçi Davası'nda annesi Ehlima Berkay'ın hâkimleri şaşırtan sözleri' gibi, 'Salacak Cinayeti faili sandalcı Kandemir Sipahipala'nın duruşması dün de devam etti'... gibi haberleri birinci sayfalarda büyük başlıklarla veriliyordu. *Ayna* ve *Kelepçe* türü haftalıklar ise, bugün örneğin, Reha Muhtar'ın ve genelde 'Reality Show'ların yaptığını yapmakta, cinayet haberlerini daha 'kanlı' 'canlı' hale getirmek için ne ellerinden geleni artlarına koymamaktaydı...

'Salacak Cinayeti: Kandemir Sipahipala davası' 1950'li yılların, belki de en dehşetengiz cinayet davasıdır. Olay şuydu: Salacak İskelesi'nde kayıkçılık yapan Kandemir Sipahipala, denizde bir gezinti yapmak için kayığına binen bir genç kadınla küçük kızını öldürmekle suçlanıyordu. Polis tutanaklarına göre Kandemir, Kızkulesi açıklarına gelindiğinde genç kadına tecavüz etmek istemiş, kadın karşı koyarken küçük kız korkuyla kendini ordan oraya atıp sandalın dengesini bozunca, onu boğup denize fırlatmış, kadının kafasına da kürekle vurup öldürdükten sonra ırzına geçmiş, cesedi de tıpkı kızınki gibi, denize atmıştı...

Kandemir Sipahipala davası, 1957-1958 yıllarının İstanbul'unda basını ve kamuoyunu çok yakından ilgilendirmiştir. 'Salacak Cinayeti' ya da 'Sandal Cinayeti' diye bilinen bu davanın sonucunda Sipahipala idama mahkûm edildi. Yargıtay kararı onayladıktan sonra idamın ne zaman infaz edileceğine ilişkin bir bekleyiş başladı. Ben o sırada *Vatan* gazetesinde muhabir olarak çalışıyordum. İstihbarat şefimiz Kemal Ağabey (Kemal Aydar), idamın izlenip ayrıntılarıyla yazılması için polis, adliye ve serbest muhabirlerden oluşan bir ekibi görevlendirmişti. Hilmi Ağabey (foto: Hilmi Şahenk) de *Vatan*'ın fotoğrafçı kadrosunun başında, idam olayını fotoğraflarla görüntüleyecekti...

İdam cezası, Sultanahmet Meydanı'nda kurulan bir darağacında, Kandemir Sipahipala'nın asılarak infazını öngörüyordu ve sabaha karşı gerçekleştirilecekti...

O geceyi unutmam mümkün değil. Daha bir gün öncesinden Sultanahmet Meydanı, idamı izlemek için gelenlerle hıncahınç dolmuştu. Doğallıkla, simitçiler, sucular, gazozcular da oradaydılar! Aziz Nesin *Surname*'sinde o geceyi bütün trajikomik yanlarıyla anlatır. İdamı seyretmek insana nasıl bir duygu verir, bilemem; – ben seyretmedim, seyredemedim çünkü... Ama insanların, boynuna ip geçirilerek asılan birini niçin görmek istediklerini anlamak kolay değil, diye düşünüyorum. Anais Nin'in bir öyküsünü okumuştum eskiden. Bir idamı izlemek için toplanan kalabalıkta, bir adam, önünde duran hiç tanımadığı bir genç kadını sıkıştırır. O iğne atılsa yere düşmeyecek kalabalıkta, herkesin gözü darağacına çıkarılmış olan mahkûmda olduğundan, kimse adamın ne yaptığının farkında değildir. Kadın itiraz etmez adamın yaklaşmalarına; – hatta, gövdesinin devinimiyle daha da kışkırtır onu. Adam, oracıkta, kalabalıkta, kadının eteğini kaldırıp cinsel ilişkiye girer sonunda ve idam sehpasındaki mahkûm son çırpınışlarını yaşarken, kadınla erkek orgazma ulaşırlar... İdam edilen insanın can çekişirken orgazm olduğu söylenir. Sipahipala'nın idamı, bana nedense hep Anais Nin'in bu öyküsünü çağrıştırır;– belki de bu, Sipahipala'nın gözü dönmüş cinselliğine, idamı seyreden adamın gözü dönmüş cinselliğinin karşılık geldiğini düşünüyor olmamdandır! Olabilir...

OKUMA PARÇASI: III

İSTANBUL BİRSEN'İN KİRPİKLERİNDE

–Erdal Öz'e–

Biz seni sevdik mi binlerce seviyoruz
Binlerce kırık dökük akşamlara karşı çaresiz
Vişneli dondurmalara karşı hep birden
Hep birden seni arıyoruz sokaklarda sen yoksun
Oturup çocuklar gibi ağlıyoruz hep birden
Bir yaz buluyoruz kendimize avunuyoruz
Ürpermiş güvercin gölgelerinden

Seni bulduk değil mi büsbütün ölüyoruz
Bunu geyiklere komşu o esmerliğin
O soylu esmerliğin ayırıyor öteki ölümlerden
Seni bulduk değil mi ortalık karışıyor
Önce bir portakal çiçeği başlıyor çiçeklerden
Sonra bir İstanbul başlıyor usulca mavi
Kirpiklerinin bittiği yerden

Oturup çocuklar gibi gülüyoruz hep birden

Hilmi Yavuz
(*Yeditepe,* 1 Ağustos 1956)

VII

1950'ler İstanbul'unun entelektüel yaşamına, 'Edebiyat Matineleri'nin getirdiği değişikliği vurgulamadan atıfta bulunmak, anlamsız olur. 'Edebiyat Matineleri'nin başlangıcı 1953 yılının sonbaharına gider. Eğer belleğim beni yanıltmıyorsa, ilk 'Edebiyat Matinesi'ni Galatasaray Lisesi Edebiyat Kolu öğrencileri ile *Küçük Dergi* yöneticileri düzenlemişlerdi. O gün, okulun Tevfik Fikret Salonu hıncahınç dolmuştu. Biz, Kabataş Lisesi'nin edebiyat meraklıları, salona güç bela girebilmiş, balkonda zar zor yer bulabilmiştik. O yılların önde gelen şair ve öykücülerinden çoğunu, kişi olarak ilk kez orada, o matinede gördüğümü söylemeliyim. Bu, hiç kuşkusuz, bana büyük bir heyecan veriyordu. Sait Faik Abasıyanık'tan başlayarak, Haldun Taner'i, Sabahattin Kudret Aksal'ı, Attilâ İlhan'ı uzaktan da olsa, ilk kez görüyor, seslerini ilk kez işitiyordum. Şairler, öykücüler, birer birer sahneye çıkıyor, daha sonra Yiğit Okur'un *Küçük Dergi*'de, o matineyi anlattığı yazısında söylediği gibi, 'palmiyeli avant-scène'e yerleştirilmiş olan kürsüden yapıtlarını okuyorlardı. Fazıl Hüsnü Dağlarca'nın kendi şiirini okumaktan haz etmediğini de o gün öğrendim. Dağlarca'nın 'Merihli'ye Sesleniş' şiirini, Küçük Sahne'nin genç oyuncularından biri, yanılmıyorsam Asuman Korad okumuştu çünkü. Mehmet Başaran'ın 'Azap Ali'nin

Dileği' şiirini de Şükran Güngör'den dinledik o gün...

Ama, Galatasaray Lisesi'ndeki 'Edebiyat Matinesi'nin iki şairi vardı ki, onlar, daha sonraki matinelerin 'gözde'leri olacaklardı: Attilâ İlhan ve Özdemir Asaf! İkisinin de o günkü performansları (buna, belki de 'gösterileri' demek daha doğru olur!) bunu gösteriyordu. Attilâ İlhan, siyah kadife ceketi, boynunda neredeyse yerleri süpüren upuzun kaşkolu ile, o sıralar özellikle Salim Şengil'in *Seçilmiş Hikâyeler* dergisinde ve *Vatan* gazetesinin 'Sanat Yaprağı'nda birbiri ardı sıra yayımladığı şiirlerinden bazılarını, kendine özgü dramatik tarzıyla okurken, ara sıra durup ince tel çerçeveli gözlüklerinin üzerinden salona bakıyor, alnına düşen uzun saçlarını parmaklarıyla arkaya atarak sürdürüyordu okumayı. Her şiirin sonunda salon alkıştan yıkılır gibi oluyordu... Attilâ, o gün kaç şiir okudu, bilemem. Ama biz genç edebiyatçı adaylarının, hem şiirlere, hem de performansa hayran kaldığımıza kuşku yoktu. Önümüzde oturan, sanıyorum Güzel Sanatlar Akademisi'nde okuyan genç kızların, neredeyse daha sonraları pop starlarına gösterilen o histeri krizine benzer esrikliğini de unutamam; – gerçekten kendilerinden geçmişlerdi! Attilâ İlhan, performansı ile tam bir 'pop' sanatçısı gibiydi o gün. Şiirlerininse, daha sonra, Türk arabeskinin entelektüel arkaplanını hazırlayacak şiirler olduğunu, o gün o hayranlıkla, nereden bilecektik?

Galatasaray Lisesi 'Edebiyat Matinesi'nin öteki 'star'ı Özdemir Asaf'tı elbet. Attilâ İlhan'ın, vurgusu yoğun duygusallık üzerine kurulmuş dramatik performansına karşı, Özdemir Asaf'ınki tam bir seyirlik eğlenceye dönüşen aşırı komik öğeler taşımaktaydı. Bilenler bilir, Özdemir Asaf 'r' harflerini söyleyemez, onları hep 'yumuşak g' gibi telaffuz ederdi. O gün 'palmiyeli avant-scène'e çıkar çıkmaz, önce, Galatasaray Lisesi'ndeki öğrencilik yıllarına ilişkin bir anısını anlatacağını söyledi: "Lisede edebiyat hocamız İsmail Habib Sevük'tü," dedi, "sınıfta heğkese şiiğ okutuğ, sığa bana gelince, atlayıp yanımdakine geçeğdi. Biğ-iki, bu hep böyle süğegidiyoğ. Biğ gün değste pağmak kaldığdım ve, 'Hocam,' dedim, 'sınıfta heğkese şiiğ okutuyoğsunuz. Bana okutmuyoğsunuz. Niçin okutmuyoğsunuz?' İsmail Habib Hoca, bu soğuma şu cevabı veğdi: 'Oğlum Özdemiğ, sen şiiğ okumuyoğsun. Şiiğin canına okuyoğsun...'"

Özdemir Asaf bu anekdotu anlatır anlatmaz, salon kahkahadan kırılmaktaydı ki, Özdemir, kaşla göz arasında şunu ekledi: 'Şimdi ben buğada, kendi şiiğlerimin canına okuyacağım...'

Özdemir'in o gün okuduğu şiirlerden biri, 1950'li yılların edebiyatseverlerinin dilinden düşmeyen *Lavinia* şiiriydi. 'Lavinia'yı okuyacağını söyleyince, gülmelerin arkasının şıp diye kesildiğini, salonun birdenbire sessizleştiğini söylemeliyim. Özdemir Asaf o sevimli peltekliğiyle 'Lavinia'yı okudu:

Sana gitme demeyeceğim
Üşüyorsun, ceketimi al
Günün en güzel saatleri bunlar
Yanımda kal

Sana gitme demeyeceğim
Gene de sen bilirsin
Yalanlar istiyorsan, yalanlar söyleyeyim
İncinirsin

Sana gitme demeyeceğim
Ama gitme, Lavinia
Adını gizleyeceğim
Sen de bilme, Lavinia...

Dikkat ettiyseniz, bu şiirin son dörtlüğünde hiç 'r' harfi yoktur. Dolayısıyla, Özdemir bu şiirin son dörtlüğünü harikulâde düzgün bir biçimde okudu. Hepimiz, bütün salon ayağa kalkmış, deliler gibi alkışlıyorduk...

Attilâ İlhan ve Özdemir Asaf! Bu iki şair, kendiliğinden bir iş bölümünü gerçekleştirmiş gibiydiler. İlki, bir gösterinin dramatik olanaklarını kullanıyordu, ikincisi, komedi olanaklarını... Ancak, Özdemir Asaf'ın sıradan bir komik olduğunu söylemek fevkalade yanlış olur. Shakespeare'in oyunlarındaki bilge 'fool' gibiydi Özdemir Asaf... Lear'ın 'fool'u ya da 'On İkinci Gece'nin Feste'i gibi! Çoğu şiirleri de, bu 'foolish' bilgeliği dile getirir. Koestler de söylüyor ya, soytarılıkla bilgelik kardeştir...

1950-1956 yılları İstanbul'unda 'Edebiyat Matineleri'nden söz açmışken, benim hayatımda çok önemli bir yeri olan 'Kabataş Erkek Lisesi ile Çamlıca Kız Lisesi'nin 7 Nisan 1954 günü Çamlıca Kız Lisesi'nde ortaklaşa düzenledikleri Edebiyat Matinesi'ne değinmemek olmazdı. Bizim lisenin edebiyat kolu başkanı Hikmet Sami Türk ile Çamlıca Kız Lisesi'nin edebiyat kolu başkanı olan Engin Ölçmen, edebiyat öğretmenlerimiz Behçet Necatigil ve Melahat Güllüoğlu'nun gözetiminde bir araya gelmişler ve bu matineyi düzenlemişlerdi.

O gün, 'matineciler', sabahtan hazırdı: Tıraş olunmuş, saçlar özenle ve bol briyantinle taranmış, temiz giysiler giyilmişti. Ben, hariç; – çünkü, biraz farklı ve bohem görüntüsü verebilmek için, dik yakalı ve oldukça eski bir kazak giymiş, saçlarımı da o yılın modasına göre (bu modanın Dean Martin'le başladığını sanıyorum), önden lülemsi bir kâkülle alnıma düşürmüştüm. Bununla, Hikmet Sami Türk ve öteki arkadaşların klasik, ciddi ve kravatlı görünümlerine aykırı düşüyor olmayı amaçladığımı inkâr edemem. Bizim liseden, Hikmet Sami Türk, Hasan Nejat Pulur, Oktay Akhun, Teoman Sepken, Bedii Eroğlu, Dinçer Uçak, Tuna Arkun, Ertuğrul Sezer, Macit Hıncal, Özdemir Karaçelik ve ben vardık 'matineciler' olarak. Çamlıca ekibinde ise Engin Ölçmen, Hayriye Gedikoğlu, Gülsen Ohkay, Gülümser Sonat, Suna Sezer, Günay Dikermaner, Musaffa Işık, Türkan Kıvanç, Demet Bora, Marufe Alkanoğlu ve Semin Yılmaz...

O günün, göğsümü kabarta kabarta söylüyorum, 'star'ı bendim: Evet, ben! Soyadı düzenine göre, matinenin son kişisi olarak sahneye çıktığımda, doğrusu, bunun böyle olacağını daha önce düşte görmüş olsam, inanmazdım! Önce, *Dünya* gazetesinin Sanat Eki'nde o yıl yayımlanmış olan *Hatırlayış* adlı şiirimi okudum. Sonra, Edip Cansever'in *Yengeç Gibi...* şiirini. Onu Jacques Prévert'den çevirdiğim ('uyarladığım' desem, daha doğru olur!) *Sütlükahve* şiiri izledi. Salon, özellikle *Sütlükahve*'yi çok beğenmişti. Önceden saptanmış olan programa göre, benim bu üç şiiri okuduktan sonra yerime oturmam gerekiyordu. Alkışlar dinmeyince, bis yapmak durumunda kaldım ve bu kez belleğimden Metin Eloğlu'nun *Hazır Kasabaya İnmişken Bir de Resim Çektirelim Dedik* şiirini okudum. 'Okudum' diyorsam, sözün gelişi; – bu şiiri 'oynadım' demek daha doğru olur çünkü! Bir kere, şiiri bir Anadolu köylüsünün ağzıyla okuyor, her dizeyi mimikler ve jestlerle destekliyordum. Şiirde fotoğrafçı, fotoğraf çektirmek isteyen köylülere, neşeli görünmeleri için, gülmeleri gerektiğini söyler. Köylüler beceremeyince de, 'Gülün, ulan!' diye bağırır onlara. Şiir, köylülerin ağzından söylenen, 'Kusura bakma bey, biz gülmesini bilmeyiz ki!' dizesiyle biter. Ben hem 'gülün ulan'ı, hem de son dizeyi, sanki bir tiyatro oyununun sözleriymiş gibi oynayarak okudum. Alkışların arkası kesilmiyordu...

Özdemir Asaf'ın bilge 'fool' oluşuyla, benim sıradan soytarılığım arasındaki farkı, daha sonra, sevgili Behçet Hoca'dan yediğim vahim zılgıtla öğrenecektim. Elbette, şiiri 'okuma' ile şiiri 'oynama' arasındaki farkı da...

VIII

1950-1954 yılları arasında, Kabataş Erkek Lise-si'nde aldığım eğitimin düzeyi konusunda bir şeyler söylemek istiyorum. Şurası kesin: Bizim lise öğretmenlerimiz, bugünkülerle kıyas bile edilemezler! Elbette, istisnalar olduğunu biliyorum. Ama, bakınız örneğin bir Behçet Necatigil çapında ve donanımında, bırakınız bir lise edebiyat öğretmenini, üniversite profesörü bile bulamazsınız bugün! Sadece Behçet Hoca değil elbette! Bir 'Salla' Kemal (Gürsan) düzeyinde matematikçi, bir 'Atom' Arif veya Ecvet Gürses düzeyinde fizikçi, bir 'Kürt' Aziz (Taner) düzeyinde tarihçi, bir Adem Nezihi (Energin) düzeyinde biyolojici, bir 'Kör' Salih (Gence) düzeyinde kimyacı yok artık. Türkiye'de eğitim sisteminin çöküşü, Lise'nin çöküşü ile başlamıştır bana göre. Felsefe hocalarımızın 'doktora'ları vardı: Faik Dranaz da, Ziya Somar da felsefe doktoruydular... Faik Dranaz, ki okulun müdürüydü de, doktorasını yurtdışında, İsviçre'de yapmıştı.

Yineleyeyim: Türkiye'de eğitim sisteminin çöküşü, 'Lise'nin çöküşü' ile başlamıştır. Cumhuriyet'in ilk otuz yılı, Türk Milli eğitiminin, liseyi, lise eğitimini öne çıkardığı yıllardır. Lise öğretmenlerinin yetiştirilmesine özel bir ağırlık verilmiş; Fransa'nın en prestijli kurumlarından biri olan 'Ecole

Normale Supérieur' örnek alınarak 'Yüksek Muallim Mektebi' kurulmuş; bu okullara, ileride lise öğretmeni olacak öğrenciler çok ciddi bir seçime tabi tutularak alınmışlardır. Lise bitirmek, öyle kolay kolay üstesinden gelinecek bir iş değildi ayrıca. Daha önce de belirtmiştim: Bizim zamanımızda liseler dört yıla çıkarılmış, üstelik hem 'lise bitirme', hem de 'olgunluk' adı verilen iki ayrı sınavdan geçirilmiştik: 'Olgunluk' sınavları yazılı oluyor ve sorular Milli Eğitim Bakanlığı'nda hazırlanıyordu.

Bütün mesele, 1960'ların ortalarından sonra, lise eğitiminin, deyiş yerindeyse, adamakıllı ucuzlatılmasıdır. Bugün, üniversite sınavlarını yüksek puanlarla kazanıp anlı şanlı üniversitelerin en gözde bölümlerine girme başarısını gösteren öğrencileri, Kabataş Erkek Lisesi'nin 1950'li yıllarındaki en hayta öğrencilerine değişmem. Çünkü en hayta olanımız bile, bir klasik 'lise kültürü' almıştır ve bu, şimdinin 'sayısal' ya da 'sözel' (her neyse!) birincilerinde, maalesef, yoktur! (Bunu, neredeyse 30 yıllık bir üniversite hocası olarak söylüyorum!)

Edebiyat matinelerinden söz ediyorduk. Behçet Hoca'nın, edebiyat matinelerinden haz duyduğunu sanmam. Bu matineler, ona, yıllar sonra yazacağı *Z e b r a* şiirindeki o benzersiz metaforla anlattığı gibi, 'bir sirkten ötekine gez / dirilen' bir sirk hayvanı, bir zebraymış duygusunu vermiştir. Ama asıl *Edebiyat Matinesi* şiiridir onun tavrını ortaya koyan:

Kaykılmış koltuğunda bir kız
Çiğner ciklet
Bir oğlan dalgada
Geldiğine pişman uyuklar
Bir başkası arkada

Hiç bulabilir mi beyaz evi çok uzak
Uçurduğunuz kuş?
Kılıç gibi keskin karlı dağ
Hiç yeri miydi açmak kalbi
Bu çiğ ışık altında

Sizden önce birisi bir fantezi okudu
Kırdı geçirdi
Yayvan gülüşlerden ağızlar çok geç döner;
Şimdi sıra sizde üzgün ağır,
Ne güzel!

Olsa bari benzeri duygularla tedirgin
Sizdekini yaşamış
Birkaç kişi
Işıktasınız seçilmiyor
Karanlıkta hepsi

Okudunuz
Bittiğine memnun
Anlamamış,
Bozuk paralar gibi düşer önünüze
Alkış

Çürük domatesler gibi ezik
Avuçlarda mıncıklanmış kalbiniz
Büyürken ince leke ipekte
Yeniden eğiliniz!

IX

1950 yıllarının genç insanları için kızlı erkekli bir arada eğlence zordu; – bir hayli zordu, desem daha doğru olur! Üniversiteye girinceye kadar, aramızda kız arkadaşı olanlar hemen hemen yok gibiydi. İstanbul, muhafazakâr bir kentti bundan elli yıl önce. Lise öğrencisi kızların, erkek arkadaşları olmasına ailelerin kolay kolay onay vermesi söz konusu değildi. Hele, birlikte sinemaya gitmek ya da bir pastanede buluşmak! Zaman zaman, bazı arkadaşlarımız, sevgilileriyle yaptıkları sinema kaçamaklarında, kızın elini tutarken bile, tir tir titrediklerini söylerlerdi. Cinsel yakınlıklar, kız ikna edilebilmişse, 'loca'ya atmak'la mümkün olabiliyordu. Burada kastedilen 'loca', sinema locası elbet! Şimdi locası olan sinema var mıdır, bilmiyorum; ama eski sinemaların hepsinde localar vardı. Koltukların en arka bölümü, en fazla dört sandalye alacak genişlikte küçük bölmelere ayrılmıştı ve 'loca'lar genellikle aileler tarafından tutulurdu. 1950'nin cin fikirli gençleri için, sevgililerini 'locaya atma'yı akıllarına koydular mıydı, iş sadece kızı ve loca biletini 'ayarlamak'la bitmez, sinemaya girdikten sonra, yer göstericilerden birini de, 'ayarlamak' gerekirdi; – ikide bir, locanın kapısını açıp fener tutmaması için... Localardan sorumlu yer göstericilerin, içerde 'şüpheli' işler yapıldığından kuşku duydukları locaları, kapıları apansız açıp el feneri sıkarak denetlemeye kalkıştıkları bilindiğinden, ufak bir sus payı ile rahatsız edilmemeyi önceden sağlamak büyük önem taşımaktaydı. Loca sandalyeleri genellikle gıcırdarlardı ve sinema sorumluları bu ardı arkası kesilmeyen gıcırtıların ne anlama geldiğini çok iyi bilmekteydiler...

Hiç kuşkusuz, masum buluşmalar için en uygun mekânlar, pastanelerdi. Elbette, Beyoğlu pastanelerini kastediyorum. Semt pastaneleri, çoğu kez eş dost, tanıdık, komşu ya da akrabalardan birine rastlanır kaygısıyla, buluşmalar için tercih edilmezlerdi. 'Kızı' ile buluşup konuşmak için, o yıllarda, insanın anonim kimlikle görünebildiği tek kentsel mekân olan Beyoğlu'na çıkmak en iyisiydi. Beyoğlu'nda, oradaki pastanelerde, kimsenin kimseyi tanımadığı bir anonim ortamda, genç sevgililer kendilerini çok daha güvende hissediyorlardı. Pera'nın, tek ve biricik kentsel alan olduğu yıllar! Beyoğlu'nun dışında, herkesin birbirini tanıdığı, merhabalaştığı ya da en azından, göz aşinalığına dayanan bir dostluğun var olduğu mahallelerden oluşan bir yerdi İstanbul... Komşunun 'Hatice Teyze', mahalle bakkalının 'Mehmet Amca', semt bekçisinin 'Hasan Dayı' diye anıldığı mahalleler... Somut insani ilişkilerin soyut kurallara göre çok daha ağır bastığı yerleşim alanlarıydı onlar... Lévi-Strauss'un 'sahihlik düzeyleri' dediği mekânlar! Belki Beyoğlu da öyleydi, ama çok önemli bir ayrımla: Fatih'ten, Üsküdar'dan, Kadıköy'den Beyoğlu'na çıkılırdı da, örneğin Fatih'e, Kadıköy'e ya da Üsküdar'a çıkılmazdı... 'Beyoğlu'na çıkmak!' Bu, neredeyse bir tılsım sözü gibiydi; – bir büyülü söz!..

'Beyoğlu'na çıkma'nın kendine göre, yazılmamış kuralları vardı. Biz genç bohemler için değil belki, ama hafta sonları tatil günlerini Beyoğlu'nda gezerek geçirmeyi bir statü göstergesi sayan genç işçiler, çıraklar ya da kalfalar, cumartesi ve pazar sabahları, ütülenmiş takım elbiselerini giyerler ve belki inanmayacaksınız, ama kravat takarlardı. Ayakkabıları boyalıydı ve çoğunlukla, Cadde-i Kebir, yani İstiklâl Caddesi'nde bir gider bir gelirler, ara sıra da cadde üzerindeki birahanelerde veya Çiçek Pasajı'nda oturup içki içerlerdi. Cadde üzerinde, ayakta sosisli sandviçle bira içilen 'Atlantik' ve 'Orman' gibi birahaneler vardı. Sinema saatinden önce, ayaküstü bir şeyler atıştırmak için gidilirdi bu birahanelere... Üsküdar'dan, Aksaray'dan, Bakırköy'den... gelen iyi giyimli genç işçiler, öğrenciler ve Beyoğlu'nun yerlileri olurdu bu birahanelerde...

O yıllarda şişe bira, sadece Tekel birasıydı, ama fıçı bira üzerinde herhangi bir tekel yoktu. Dolayısıyla, fıçılardan çekilen bira büyük, kalın ve kulplu özel bira bardaklarına musluktan doldurulur ve taşıp kabaran köpüğü, cetveli andıran küçük bir tahtayla alınarak servis edilirdi.

Bizim kuşak için ilk içki evi, bir-iki yıl önce yeniden açılan Pano'nun meyhanesiydi. Galatasaray'da, İngiliz Konsolosluğu'nun yan duvarının karşısında, Balıkpazarı'na çıkan sokağın başında. Panayot Papadopulos'un işlettiği bir şarapeviydi bu. 'Pano', Panayot'un kısaltılmışı elbet! Bembeyaz saçlı, tıknaz ama irikıyım, sevimli bir orta yaşlıydı Pano... 1955 yılından başlayarak üniversite öğrenciliği yıllarımızda 'Pano'ya gitmeye başlamıştık. Bir kere son derece ucuzdu: Bir porsiyon bol kimyonlu köfte (yanında hıyar turşusu ile servis edilirdi) ve bir şişe kırmızı fıçı şarabına iki buçuk lira ödeyerek hem karnını doyurmak, hem de kafayı bulmak mümkündü. 'Kafayı bulmak' sözü boşuna değil, aslında belki de, 'kafa yapmak' demek daha doğru; – 'Pano'nun şaraplarının 'afyonlu' olduğu söyleniyordu çünkü!.. Bu olasılığı yabana atmamak gerek, diye düşündüğümüzü anımsıyorum. Pano, fıçılardan doldurduğu açık şarapları satıyordu ve her fıçının üzerinde bir numara vardı. Numara büyüdükçe, şarabın fiyatı düşüyordu. En ucuz şarap, '17 sek' diye numaralanmış olandı ve biz, '17 sek'in şarapların en afyonlusu olduğu kanısındaydık. Ama olsundu, en ucuz şarap '17 sek' değil miydi? Pano, içki evine girilince hemen sağ duvara yerleştirilmiş fıçılardaki musluktan akıttığı şarapları, Tekel'in nane likörü şişelerine doldururdu. Bu şişelerin, ötekilerden farkı, boynundan aşağısında bir boğumun bulunmasıydı. Şişelere şarap o boğuma kadar konuyordu.

Pano'ya çoğu kez Demir Özlü ve Ergin Ertem'le gitmişizdir. Masa yoktu Pano'da. Uzun ve üzeri çinko kaplı tezgâhlarda tanımadığımız insanlarla birlikte içiyorduk. Genç bohemler, sanatçılar ve gemicilerdi Pano'nun müdavimleri. Bohemler, gemicileri pek severler. Belki genç bohemlerin serüven tutkularının ideal tipleri, gemicilerdir de ondan. Demir'le ikimiz, bizim tezgâhta şarap şişelerini birbiri ardı sıra deviren ve hiç sarhoş olmayan gemicileri, büyük bir ilgiyle dinlerdik. Özellikle de Türkçe bilen yabancı gemicileri: John Pepe, Tony...

O yıllarda genç bohemlerin gittikleri öteki içki evlerinin başında, 'Nil' ve 'Bacı' restoranlar geliyordu. 'Nil', Asmalımescit'teydi; 'Bacı'ysa, Tarlabaşı'nda! Biz, daha çok 'Bacı'ya gidiyorduk. Edip Cansever'in 'himayelerinde' diyorum, şundan dolayı: Hepimiz üniversite öğrencileriydik ve 'baba parası'na bakıyorduk. Dolayısıyla, Pano'ya, ucuza çıktığımız için sık sık gidilse de, 'Bacı'ya ya da 'Nil'e, aynı sıklıkla gidebilmemiz söz konusu değildi. Edip Cansever, o yıllarda, Kapalıçarşı'da bir antikacı dükkânının ortağıydı. '*a*' dergisini çıkarmak için toplandığımız 'Yıldırım Kahvesi'ne sık sık geldiğini, derginin yayımlanabilmesi için hatırı sayılır katkılarda bulunduğunu yazmıştım daha önce. Akşamları da bizi (Onat Kutlar, Erdal Öz, Ergin Ertem, Demir Özlü ve ben) Beyoğlu'na meyhaneye götürüyordu...

'Bacı' restoranda, 1958 yılında, beni gerçekten dehşete düşüren bir olay yaşandı. Bir gece, içkili birinin, 'hükümet aleyhinde' konuşmalar yaptığı gerekçesiyle, Beyoğlu'nda Kalyoncukulluğu Karakolu'na götürüldüğü ve o gece kaldığı nezarethanede, kendisini kravatıyla tavana asarak intihar ettiği duyuldu; gazetelerde de yer aldı bu haber. İşin kötüsü, intihar eden genci, hükümet aleyhine konuşturan 'ajan provokatör' sivil polisin, bizim Kabataş Lisesi'nden arkadaşımız Güngör Algan olduğuydu. Kabataş Liseliler onu 'Kıl' Güngör diye bilirler. Anlaşıldığı kadarıyla, 'Kıl' Güngör, kafası bir hayli dumanlı zavallı genci tahrik etmiş, sonra da 'resmî'leri çağırarak karakola aldırmıştı.

O gece karakolda nelerin yaşandığı bilinmiyor. Aradan bir yıl kadar geçtikten sonra *Yeni Sabah* gazetesinden polis muhabiri Kemal Savcı, bu meseleyi kurcalayacak ve gencin atıldığı söylenen nezarethanede (ya da nezarethanenin tuvaletinde) kendini asmasının 'maddeten' olanaksız olduğunu kanıtlayacaktı. Bu mekânların tavanları o kadar basıktı ki, insanın kendini asarak intihar etmesi şöyle dursun, eğilmeden ayakta durabilmek bile söz konusu değildi! Kemal Savcı, gazetesinde, meş'um sonucu açıkladı: Ortada intihar falan yoktu, – adam düpedüz, karakolda polisler tarafından öldürülmüş, daha sonra da bu olaya 'intihar' süsü verilmişti!

Bu olay, biri özel, öteki genel, iki nedenle beni ilgilendirmiştir: Birinci ve elbette özel olanı, 'Kıl' Güngör'ün, bir cinayete doğrudan ya da dolaylı, karışmış olması. 'Kıl'ın daha önce 'Dram Tiyatrosu' olayı dolayısıyla, polisle ilişkisi 'deşifre' olmuş, bu olayda bizi ihbar edenin 'Kıl' Güngör olduğu anlaşılmıştı. İkincisi ve genel olanıysa şuydu: Türkiye'de polisin işkence ile adam öldürdüğü, ilk kez kamuoyuna yansımaktaydı. Biz yaşları henüz yirmilerini yeni yeni sürmekte olanlar, ülkemizde 'yargısız infaz' gerçeğiyle ilk kez, somut olarak yüz yüze geliyorduk.

Kemal Savcı'nın yazıları, ister istemez, olayın yargıya taşınmasına yol açtı. Kalyoncukulluğu Karakolu'nda o gece görevli olan polislerle sivil polis 'Kıl' Güngör'ün sanık oldukları davayı, o sırada *Vatan* gazetesinde adliye muhabirliği yaptığım için izlemeye gittim. İlk duruşma başladığında 'Kıl' Güngör söz aldı: İfadesini ancak gizli oturumda verebileceğini, duruşmanın basına ve izleyicilere kapalı olmasını istedi. Yargıç da bu isteği kabul etti. Eğer yanılmıyorsam DP hükümeti, İstanbul Cumhuriyet Savcısı Hicabi Dinç'i kullanarak, yargının kamuoyundan gizli yapılmasını istemiş, yargıç da bu isteği onaylamıştı...

Ne yazık ki, bu duruşmaların ayrıntılarını bilmiyoruz. Bilinebilseydi (ve mahkeme, gizlilik kararı vermeseydi), aradan neredeyse elli yıl geçtikten sonra, bir Metin Göktepe Olayı'nın yaşanması, kimbilir, belki de hiç söz konusu olmayacaktı! Sadece Metin Göktepe olayı mı? Değil elbette! Susurluk'u düşünelim. Uğur Mumcu ve öteki faili meçhul cinayetleri düşünelim. Demokrasi'nin çok partili siyasal alan olmaktan öte, bir 'açık rejim' olduğu gerçeği göz ardı edile edile gelinmedi mi bugünlere? Kalyoncukulluğu Karakolu'ndaki infaz gerçekleştiğinde, Demokrat Parti aşağı yukarı sekiz yıldan beri iktidardaydı ve Türk demokrasisi, henüz 'açık rejim'le tanışmamıştı bile!

OKUMA PARÇASI: IV

SARISABIR ÇİÇEĞİ

Ben neredeyim? Bu kadınla bu adam kim? Bu düz açık kahverengi kitaplık, bu mavi cam? Adnan'ın odası. Peki, ama ben neden buradayım? Yalnız bellisiz, yıldızlı bir şeyler hatırlıyorum. Gece miydi? Evet, evet. Bir yerlerde yeni gümüş paralar gibisine parlak, ay ışıklı bir şeyler içtikti. Kiminleydik? Adnan'la belki. Adnan beni odasına getirmiştir. Bu durumumla, eve gidemeyeceğimi düşünmüş olabilir. Akıllıca davranmış. Ama, galiba Adnan yoktu, Adnan yoktuysa ben neden buradayım? Ha neden buradayım? Evet, galiba telefon ettim, "Adnan," dedim. "Yalnızım," dedim. "Korkuyorum," dedim. "Ben kuytu yerlerde gizli ay ışığıyım," dedim. Daha bir sürü şey. Oysa bunların hiçbirisini de söylememiş olabilirim. Belki telefon bile etmemişimdir. Buzdan kaskatı kesilmiş ayakkabılarımı holdeki paspasa silmiş, sonra da usulca kapıyı tıklatmışımdır. Habersiz. Nasıl olursa olsun. Ben şimdi burada Adnan'ın odasındayım. Önemli olan da bu. Peki ama bu kadın kim? Nasıl oldu da önceden dikkat etmedim? Kadın yarı soyunuk. Yatağın üstünde öylece oturuyor. Bana bakıyor. Adnan'la konuşuyor oysa. Evet, bana bakıyor. İstemiyorum. Bu kadını düşünmek istemiyorum. Ni-

çin? Niçin, bu kadını düşünmek istemiyorum? Saçma. Bu kadını değil, bütün kadınları. Ama niçin? Erdem geçen gün ne dedi? "Sen korkuyorsun," dedi. Doğru. Korkuyorum kadınlardan. Başka ne dedi Erdem? Sonrasını dinlemedim galiba. Üstelik o bunu anladı. "Beni dinlemiyorsun," dedi. Bunu ondan gizlemedim. Evet, korkuyorum kadınlardan. Bu, kimseyi ilgilendirmez. Hele Erdem'i. "Sen korkuyorsun," derken gözlerine bakıyordum. Beni küçümsediği, alaya aldığı besbelli. Alçak. Ama o da bunu gizlemiyordu ki. Açıktan açığa, "Seninle alay ediyorum," dese, demiyor. Alçaklığın hınzırcası bu.

Uff. Başım ağrıyor. Terliyorum da galiba, Allah belasını versin. Hep bu kadın yüzünden. (Bunu oldukça yüksek sesle söyledim. Konuşmalarını kestiler. Bana bakıyorlar.) Hele kadın. Niçin bakıyor? Belli. Evet. Küçümsediği, gülümsemesinden belli. O da Erdem gibi düşünüyor. "Korkağın biri." Oysa Erdem, beni bilir. Yatılı okulda birlikte okuduk. Benim kadınlara karşı korkak, çekingen, huzursuz olduğumu bilir. Deneylerinin sonucunda varmıştır o yargıya. Ama bu kadın. Bunu nasıl da kolayca anladı? Ama anladı denemez buna. Sezdi. Kadınlara özgü bir sezgi bu. Hayvanca. Tüylü. Kaba. Sezdi, şimdi de gizlemeye çalışıyor. Bunu hiç beceremedi. Adnan'la ilgileniyormuş gibi yaptı. Ama korkağın biri, diye düşündüğü besbelli. Korkağım. Ama niçin? Niçin ey Tanrım?

[O küçük taşra kasabasını hatırlasana? O küçük taşra kasabasında akşamlar nasıl da başkaydı? Nasıl da? Akşamları annenin, o üstü kaba sarı işlemeli lambayı yakmasını nasıl çocuksu beklerdin? Lacivert perdelerin indirilişi. O üstü sarı çiçek işlemeli lambanın yanışını hatırla (bu çok önemli). Odaya inceden, sıcak bir yanık ot kokusu yayılırdı. Sanırdın ki, –âh evet– sanırdın ki, çiçekler yanıyor. O çocuksu sa-

rısabır çiçekleri. Mavi çizgili pijamalar, kalın yün çoraplar giyen çocuk. Sen. Uykular, usulca gelirdi otların arasından yılansı kayarak. Sarısabır çiçeklerini hatırla. Odayı, güvenle, umutla doldururdu sarısabır çiçekleri. (Odayı hatırla.) Sonra gece. Sarısabırların boy attığı, o sıcak taşra kasabasının yaz geceleri. Duygulu çocuk, kuytu yerlerde gizlenen ay ışığı çocuk. Bunları bir bir hatırla. Hatırlıyor musun? Geceleri anan, baban, sen, kardeşlerin, hep aynı odada uyurdunuz. O sarısabırların tuttuğu odada. Bunları hep hatırlıyorsun değil mi? Hatırla. Hatırla.]

Bir gecenin geç saatleri. (O geceyi iyice hatırla). Pencereler açık. Mavi çizgili pijama giyen çocuk uyuyor. Kardeşleri uyuyor. Onların mutlu horultularını duyuyor musun? Ya annesi, babası? Onlar da uyuyorlar değil mi? Hayır. (Bundan sonrasını düşünmek istemiyorsun değil mi? Bu sana sonsuz bir utanç veriyor değil mi? Haklısın. Ama düşünmen, hem de en küçük ayrıntılarına kadar hatırlaman gerekiyor.) Evet. Mavi çizgili pijama giyen çocuk, yatakta huzursuzca döndü uyurken. Susamıştı galiba. Yatmadan önce, annesinin yaptığı tuzlu çörekten yemişti çünkü. Uyandı. (Hatırlamaya devam et). Odayı ince bir sarısabır kokusu dolduruyor. Öteki yataktan babası, annesi. Çocuk yatakta doğruldu. Gözlerini ovuşturdu. Ay ışığının yardımıyla, terliklerini arıyor yatağın altında Birden, –âh evet– birden, öteki yatağa kaydı gözü. (Ne vardı öteki yatakta, ha? Niçin ellerini yüzüne kapıyorsun?). Yatak. Baban. Annen. Hızlı soluklar. Korkunç. Baban ha? Bunu yapsın ha? Utançsız. Annen, ya annen? Bulutsuz annen, Sarısabır annen. Ceviz sandıklardaki gelinlik annen. Bunu yapsın ha? Ağlama sus. Korkunç bu. Nasıl olur bu? Ama.

Sonra bağırdın değil mi? Kirli çakallar gibi uludun ağlayarak. Yüzünü yastıkların altına gizledin. O zamana kadar Tanrı olarak düşündüğün babanı lanetledin. Kaçmak istedin, kaçamadın. Üstü sarısabır çiçekleri işlemeli lambayı kırmak istedin, kırmadın. Sen, duygulu çocuk. Sonra ne oldu, sonra hep kuytulara çekildin. Kimselerle konuşmadan. O yıl sınıfta kaldın. (Bak, nasıl hepsini hatırladın?) Şimdi de utanıyorsun değil mi? Ama kurtuldun artık. Şimdi annenden af dile. İşte orada annen. Hadi koş af dile. Ayaklarına kapan. O senin Sarısabır anneciğin, biricik anneciğin. Bulutsuz anneciğin. Hadi koş af dile. Utancından sıyrıl. Çabuk. Koş. Çabuk.

Konyaklı çay iyi geldi. Açıldım. Divana boylu boyunca uzatmışlar. Üstüme de mavi tüylü bir battaniye örtmüşler. Yattığım yerden onları görüyorum. Adnan, korkulu gözlerle bana bakıyor. Kadın, şaşkın, bön. Anlamamış. Ama bir tatlı bakıyor. (Nasıl dikkat etmedim önceden. Gözleri iri, güzel.) Yorgunca bir gülümsedim. Göz kırptım, "İyiyim." İyiden iyiye rahatladılar. Bir konyaklı çay daha. "Vallahi siz delisiniz. Bu kadar çok içilir mi?" Olanları anlattılar. Önce gelmişim. Ama bulut gibiymişim. Gözlerim deli deli parlıyormuş. Oturmuşum. Ama boyuna, ona bakıyormuşum. "Hep bana bakıyordunuz." Sonra birdenbire bağırmaya başlamışım. Sonra da onu annem sanmış, ayaklarına kapanmışım. Bağırıyor, af diliyormuşum. "Anneciğim," diye ağlıyormuşum. "Ay, ben o kadar yaşlı mıyım?" Korkmuşlar. Çıldırdım sanmışlar. Bunları, biraz şaşkınlıkla anlatıyor. Güldü yeniden. (Dişleri yeniden çok güzel.) Ha, sonra sarısabır neymiş? Ben ölmek üzereyken –öyle diyor– o Adnan'a sarısabırın ne olduğunu soruyormuş. Bir arkadaşı varmış. O da benim gibi delinin biriymiş. "Çilli bir kızdı." En olmadık yerlerinde çiller varmış. Gülüyor. Ben de gülüyorum elimde olmayarak. Niçin güldüm? Bir kadının en olmadık yerlerinin çilli olması... O kadar gülünç mü? Değil belki. Ama mademki o gülüyor buna, ben de bundan hoşla-

nıyorum. Annem çilli miydi? Değil. Ya o? O, esmer. Esmer kızlar çilli olmaz. O'na daha dikkatle bakıyorum. Söylediklerini dinlemiyorum artık. Dinlemek, ona iyice bakmama engel oluyor. Saçları ne güzel. Kara, karakalem bir kız. Ama şirin. Ondan hoşlandım. Acaba bütün kadınlar böyle midir? Ama bu başka herhalde. Adnan bunu nereden bulmuş?

Bir ara kalktı, dışarı çıktı. Adnan, yanıma geliyor, fısıltılı bir ses: "Sen uyumuş numarası yap." "Neden?" "Nedeni var mı be?" "Kadın ulan." "E, ne yapalım yani kadınsa?" Birden bir ağrı kasıklarımda. Birikmiş yeraltı suları. Mavi tulumbalar. Bir yerde çiçekleri yakıyorlar. Kadının içeriye girişi. Rüzgâr. Ayakta bekliyor yarı soyunuk. Ne bekliyor? Önce ben davranmalıyım. Birden ayağa kalktım, gücümün yettiği kadar bağırdım. "Seni seviyorum!" Bir kahkaha. Korkunç kadınsı. Işıklar söndü birden. Yanı başımda incecik ayak bileklerinin sıcaklığı. Çıplak. Kasıklarımdaki ağrı büyüyor. Ağzı hazırlıklı ve güvenli. Eski bir kumaşın bir yerlerime sürtünmesi. Sıcak. Sıcak. Sıcak. "Bu oda çok sıcak."

(*Vatan* Gazetesi,
12 Aralık 1957)

X

1950'li yıllarda siyaset, bizim gibi genç ve 'sol'cu üniversite öğrencilerinin gözünde, her şeyden önce, Demokrat Parti iktidarına muhalefet anlamına geliyordu. İsmet İnönü'nün başında bulunduğu Cumhuriyet Halk Partisi ve Osman Bölükbaşı'nın küçük Cumhuriyetçi Millet Partisi muhalefetteydiler. 1957 seçimlerinden sonra Osman Bölükbaşı'nı ve onunla birlikte üç C.M.P. milletvekilini Meclis'e gönderen Kırşehir cezalandırılmış ve ilçe yapılmıştı. Basına 'İspat Hakkı'nın verilmesi tartışmaları D.P. milletvekillerince, 'İspat Hakkı mı, İsmail Hakkı mı?' diye alaya alınıyor; Emekli Sandığı Kanunu'nun bir maddesine dayanılarak, memurlar 'resen' emekli ediliyor; yargıçların güvenliği (o yıllardaki deyişle, 'hâkim teminatı') hiçe sayılıyor; basın özgürlüğü alabildiğine kısıtlanıyordu. Ben, 1954-55 ders yılında İstanbul Hukuk Fakültesi'nde henüz birinci sınıf öğrencisiydim ve Türkiye'nin temel sorunlarının bu hukuksal sorunlar olduğunu düşünüyordum. Yargıç güvenliği, basın özgürlüğü, ispat hakkı vb. gerçekleşirse, Türkiye'nin hiçbir sorunu kalmayacakmış gibi geliyordu bana! Bana ve elbette, başka genç insanlara da... Ne safyürek imişiz...

Cumhuriyet Halk Partisi de, muhalefetini bu sorunlar üzerinde yoğunlaştırdığı için, (belki de ondan dolayı!) Türkiye'nin nasıl düze çıkacağı konusundaki düşüncelerimin haklılığına, büsbütün güvenir olmuştum. Kısaca, tek sorun, Türkiye'de 'Hukuk Devleti'nin nasıl inşa edileceğiydi bizim için. Hukuk Fakültesi'ndeki hocalarımız da, başta Anayasa (o zamanki adıyla, Teşkilât-ı Esasiye) Hukuku Profesörü Hüseyin Nail Kubalı, aynı kürsünün doçenti Tarık Zafer Tunaya, İdare Hukuku Profesörü Ragıp Sarıca olmak üzere, derslerinde sık sık bu konulara değiniyorlar, D.P. iktidarını hukuk devleti ilkeleri açısından eleştiriyorlardı.

Türkiye'nin önünün açılmasının sadece 'Hukuk Devleti'nin temellerinin atılması ile gerçekleşemeyeceğini, üniversite dışında ya içki evlerinde ya da pastanelerde tanışıp konuştuğumuz 'eski tüfek'lerden öğreniyorduk. 1951 'komünist' tevkifatı, ben lise birinci sınıftayken olmuştu; Nâzım'ın kaçışı da öyle! 'Sol', 'sosyalizm', 'komünizm', 1951'den sonra, Türkiye'de kesinlikle 'konuşulamaz' konumdaydı. Marksizmi kitap okuyarak öğrenmek ne mümkün? Bir kere, Türkçe kitap yoktu. Yanlış anlaşılmasın: Kitap vardı da, bulunmuyordu anlamında söylemiyorum! Haydar Rifat'ın *Dün, Bugün Külliyatı* adını verdiği (ve 1930'larda basılmış) son derece kötü el kitaplarının dışında, okunacak doğru dürüst hiçbir şey yoktu. Nâzım'ın şiirlerini okumaksa, ancak, daktiloyla çoğaltılmış bazı metinlerin, gizlice elden ele dolaştırılmasıyla mümkün olmaktaydı. Hiç unutmuyorum: Sevgili arkadaşım Oğuz Arıkanlı, Nâzım'ın *Simavne Kadısıoğlu Şeyh Bedreddin Destanı*'nın daktilo edilmiş ve çok el değiştirdiği için iyice silikleşmiş bir kopyasını, neredeyse casus öykülerinde rastlanabilecek bir plana uymam koşuluyla, bana verebileceğini söylemişti. Plan şuydu: Ben belirli bir saatte, Bahçekapı'dan bir 'Edirnekapı-Bahçekapı' tramvayına binecek ve sahanlıkta duracaktım. Oğuz, tramvayı Sultanahmet Durağı'nda bekleyecekti. Beni görünce, tramvaya binecek ve eğer sahanlıkta başka kimse yoksa, içinde 'Bedreddin Destanı'nın bulunduğu zarfı elime tutuşturduktan sonra, bir sonraki durakta tramvaydan inecekti. Sahanlıkta başkaları da varsa, o zaman, bir sonraki durakta inmeyecek, bir fırsatını kollayıp zarfı bana verir vermez, tramvaydan atlayacaktı! Plan, başarıyla uygulandı. Oğuz da, ben de, gizli ajanlara taş çıkartacak (!) bir maharetle üzerimize düşeni yerine getirdik. Getirdik, ama bir de bana sorun nasıl olduğunu! Korkudan ödüm patlamıştı, Oğuz zarfı bana verdiğinde, zangır zangır titriyordum, neredeyse bayılacaktım! Acaba, polisler bizi takip ediyorlar mı, diye!

Bundan elli yıl öncesinin 'sol'cu gençleri ya kendilerini çok önemsediklerinden ya da o yıllarda 'solcu'luğun insanın başına gerçekten vahim çoraplar öreceğinden olmalı, sürekli bir polis korkusu ile yaşamaktaydılar. Genç entelektüellerin sık sık bir araya geldiği Baylan Pastanesi'nde, arka masalarda gazetesini açmış okuyan her müşteriyi 'polis' sanmak, bizde, deyiş yerindeyse, bir tür paranoya durumuna gelmişti: Hele 'Kıl' Güngör'ün polisliği anlaşıldıktan sonra! Bir söylentiye göre, polisler Baylan'ı mekân tuttuklarında gazetelerini çarşaf gibi açıp sözüm ona okuyormuş gibi yaparak yüzlerini kapıyor, ama gazetede açtıkları bir delikten bizi gözetliyorlardı... Eski tüfek ağabeylerimiz, polislerin 'objektif polis' ve 'sübjektif polis' diye iki kategoride düşünülmesi gerektiğini anımsatmaktaydılar ikide bir. Belleğim beni yanıltmıyorsa 'objektif polis', resmen emniyet teşkilatında görevli olan polislerdi. 'Sübjektif' olanlarsa, ya ajandılar ya da muhbir! Aramıza böylelerinin 'sızmış' olması olasılığına karşı, eski tüfek ağabeylerimiz tarafından sık sık uyarıldığımızı anımsıyorum.

'Solcu' olmuştuk olmasına da, Marksizmi nasıl öğrenecektik peki? Dediğim gibi, bu konuda Türkçe kitap yoktu; yabancı dil bilgimizse, Türkçe'den başka dillerde, örneğin İngilizce ya da Fransızca'da yayımlanmış kitapları okuyup anlayabilecek kertede değildi. Hoş, yabancı dilde yazılmış 'o tür' kitapları bulabilmek de meseleydi ya, neyse! 'Polis' korkusundan olmalı, kimse, evinde Marksizmi anlatan kitapların bulunduğunu söyleyecek kadar gafil de değildi elbet!

Hep söylemişimdir: Bizim kuşak 'sol'a, edebiyattan gelmiştir. Yanlış anlaşılmasın; – sol edebiyattan değil kuşkusuz! Kendi payıma ben, ortaokul yıllarımdan başlayarak, Maarif Vekâleti'nin 'Batı Edebiyatından Tercümeler' adı altında yayımladığı *Klasikler*'in çoğunu okumuştum. Gerçekten de, 'Klasikler', beni insana hangi bağlamda yöneltilirse yöneltilsin, onu ezen, aşağılayan, yok sayan her türden buyurganlığa ya da zorbalığa karşı son derece duyarlı kılmıştı. Liberal ve hümanist bir ahlak, bilinçlenme yoluyla değil, ama daha çok duygusal yoldan (ve elbette biz farkında olmadan) kimliğimizin ana yapısını oluşturmuştu bile... 'Sol'a yönelişimiz, soyut ve teorik bir bilgilenmeden yoksun, ama somut insanlık durumlarından yola çıkan bir ahlaki duyuş ve tavır-alışla gerçekleşmişti. Kısaca, Marx'ı, Engels'i, Lenin'i okuyarak değil, size tuhaf gelebilir, Tolstoy'u, Balzac'ı, Dostoyevski'yi okuyarak 'solcu' olmuştuk! (Ya da, en azından, ben öyleydim!)

Lise'ye geldiğim yıl, Varlık Yayınevi'nin 1 liraya satılan kitapları ile tanışmam çok kolay oldu. Panait İstrati, Yaşar Nabi Bey'in (Nayır) önemsediği bir yazar olmalı ki, kitapları birbiri ardı sıra basılmaya başlandı Varlık Yayınları'nda. *Kodin*'i, *Baragan'ın Devedikenleri*'ni, *Perlmutter Ailesi*'ni, *Hayat Yollarında*'yı, yayımlanır yayımlanmaz su içer gibi okumuştum. Steinbeck'i de Varlık Yayınları aracılığıyla tanıdım. Ve onun asıl önemli yapıtının, daha önce Remzi Yayınları arasında çıkmış olan *Gazap Üzümleri* olduğunu öğrenir öğrenmez de, ilk işim, Babıâli'de Remzi Kitabevi'ne uğrayıp o kitabı almak oldu. Varlık Yayınları, Sait Faik'in hikâyelerini de yayımlıyordu. Böylece, Steinbeck, İstrati ve Maksim Gorki okumaları, Sait Faik'le iyice temellenen o liberal ve hümanist ahlaka, daha radikal bir açılım kazandırdı. Ahlak'ın öznesi, artık 'soyut' insan değil ezilen, sömürülen 'somut' insandı. Dünyayı dönüştüreceksek, bu ancak ezilenlerin, sömürülenlerin, kısaca 'işçi sınıfı'nın öncülüğünde gerçekleşecekti. Biz de dönüşmüştük elbet: Ahlak'tan Teori'ye, Duygu'dan Bilinç'e doğru...

Ama bu dönüşüm, bir yerde şiddetli bir kopmayla (ya da, o sıralarda bize 'şiddetli' gelmişti!) kötürümleşti. Bu, *Dram Tiyatrosu Olayı*'ydı. Basit ve sivil bir protesto gösterisinin, vahim bir kalkışma gibi gösterildiği olay!

XI

1956 yılı Ocak ayında '*a*' dergisini yayımlamaya başladıktan sonra, kendimizi iyiden iyiye önemsemeye başlamıştık. Galiba, gençlik, biraz da kendini önemseme demektir. Nitekim, bizden yaşlı ve ünlü edebiyatçılar, 'Edebiyatçılar Derneği'ni kurup başkanlığına da Yakup Kadri (Karaosmanoğlu) Bey'i getirdikten sonra, derneğe üye olma konusunda girişimlerde bulunan arkadaşlarımız (yanılmıyorsam, bunlardan biri de Erdal Öz'dü) ret cevabı alınca, bir hayli öfkelenmiş, vermiş veriştirmiştik. Sanırım 1955 yılında, Derneğin, şimdi yerinde Tüyap Kitap Fuarı'nın bulunduğu Tepebaşı Dram Tiyatrosu'nda bir 'Edebiyat Gecesi' düzenlediğini öğrendiğimizde, ne yapılması gerektiğini biliyorduk. Baylan'cılara (Attilâ İlhan'ın çevresindeki genç edebiyatçılar) yakın olanlarımız, örneğin ben, Demir Özlü, Ergin Ertem, Baylan'daki arkadaşlarla görüştük. Ferit Edgü, Attilâ İlhan'la konuştuğunu ve onun Nâzım'ın 'Putları yıkıyoruz!' kampanyasına benzer bir eylemden yana olduğunu söyledi. Fikret Hakan da katıldı bu görüşe. Yapılması gereken, o gece Dram Tiyatrosu'na gitmek ve yaşlı kuşağın 'put'larını yuhalamaktı... Attilâ İlhan'dan gelen haberler, onun kendi deyişiyle 'Paris'teyken, Waldeck Rochet'den ajit prop dersleri almış biri' olarak bazı önerilerini içeriyordu. İlhan, geceyi protesto edeceklerin, biletleri ayrı ayrı yerlerden almaları gerektiğini önermekteydi. Böylesi, protestonun önceden düzenlenmiş bir gösteri olmadığı anlamına gelecekti! Biletler değişik yerlerde satıldığından, bu planın uygulanması zor olmadı. Ergin'le (Ertem) ikimiz, biletleri Varlık idarehanesinden satın aldık. Öteki arkadaşlar ya Dram Tiyatrosu gişesinden ya da başka satış yerlerinden...

O gece, Dram Tiyatrosu'nun paradisinde hazır ve nazırdık hepimiz. Cemal Hoşgör bazı dövizler hazırlamıştı, sırası gelince onları paradide açarak aşağı sarkıtacaktı. 'Bağırsak' Süha, borazanıyla gelmişti. Biz 'yuh!' ekibinde görevliydik. Eylemin 'mastermind'ı Attilâ İlhan görünürlerde yoktu! Şimdi kim olduğunu hatırlayamadığım bir arkadaşımız, Dram Tiyatrosu'na gelirken İstiklâl Caddesi'nde Attilâ İlhan'a rastlamıştı. 'Abi, geliyor musun?' diye sorduğundaysa şu cevabı almıştı: 'Yok, ben sinemaya gidiyorum!' Rivayet o ki, Attilâ İlhan, ne olur ne olmaz düşüncesiyle, sinema biletini sakladığını söylemişti daha sonra. Hîn-i hacette, 'Ben tiyatroda değil, sinemadaydım, işte kanıtı!' diyebilmek için...

Her neyse, o gece Yakup Kadri Bey'in konuşmasıyla açıldı. Üstat, paradide hazırlananlardan haberli olmalı ki, son derece yumuşak ve gençliği öven bir konuşma yaptı. Sıra Nurullah Ataç'a geldiğinde Cemal Hoşgör, üzerinde 'Matine Dörüt erleri, esselamün Aleyküm!' yazılı afişi paradiden aşağı sarkıtıverdi. Salon biraz karışır gibi olduysa da, Ataç konuşmasını kısa kestiği için ortalık yatıştı. Kızılca kıyamet, Behçet Kemal Çağlar kürsüye gelince koptu. Paradiden yükselen ' 'Yuh!' sesleri dinmek bilmiyor, ayaklarını yere vurarak protesto edenlerin şamatasına, Bağırsak Süha'nın durmadan öttürdüğü borazan sesleri eşlik ediyordu.

Gürültülü protesto devam etmekteydi ki, karanlıkta, birden, 'Basıldık, polisler!' diye bağıran birinin sesi duyuldu. 'Edebiyatçılar Derneği' Yönetim Kurulu üyelerinden Orhan Hançerlioğlu, İstanbul Emniyet Müdürlüğü'nde, yanılmıyorsam, 3. Şube müdürüydü. Durumu derhal Emniyete bildirmiş, beş dakika sonra da polis, Tepebaşı Dram Tiyatrosu'nu ablukaya almıştı. Paradidekiler (ben de onların arasındayım!) polise görünmeden kaçmayı başarmışlardı, ama aşağı salonda bulunan Hasan Pulur'la Demirtaş Ceyhun'u yakalayıp karakola götürmüştü polisler. Biz, yakayı ucuz kurtardığımız için sevinçliydik...

Ama bu sevinç, düpedüz kursağımda kaldı. Ertesi sabah, rahmetli babam, yatağımın başına gelip de, 'Kapıda biri var, arkadaşınmış, seninle konuşmak istiyor!' deyince bende şafak atmadı desem yalan olur. Kapıya gidip bakınca yanılmadığımı anladım: Gelen sivil bir polisti ve 'şahit sıfatıyla ifademi almak üzere' beni İstanbul Emniyet Müdürlüğü'nün bulunduğu, Bahçekapı'daki Sansaryan Han'a götürecekti...

Evden caddeye çıktığımızda 'sivil arkadaş', vaktin henüz erken olduğunu, o yüzden de tramvayla ya da otobüsle değil, yayan gideceğimizi söyledi. Fakültede derse girmek durumunda olduğumu söyleyince, 'Merak etmeyin,' dedi, 'uzun sürmez! En çok bir saat sonra fakültede olursunuz...'

Gerçekten, ne kadar da safyürektik o yıllarda! İfadem tanık sıfatıyla alınacağına göre, elbette emniyetteki sorgulanmam uzun sürmeyecekti! Böyle düşünüyordum, ama öte yandan da, hem bana ne sorulacağını, hem de beni kimin ihbar ettiğini merak ediyordum.

Sansaryan Hanı'nın en üst katına çıktığımızda, 'çift ay'lı bir kapının önünde durduk. 'Lamı cimi yok, Hilmi Yavuz!' dedim kendi kendime, 'Birinci Şube'desin oğlum...'

Birinci Şube! Emniyetin eski deyişle 'kısm-ı siyasi'si... Demek, buraya 'komünistlik'ten gelmiştim: Birinci Şube, asıl 'Komünist Masası' diye bilinen bir şubeydi. 'Sivil arkadaş' çift ay'lı kapıyı çalıp, kapıda açılan küçük pencereye bir şeyler fısıldadıktan sonra, içeriye itti beni. Kapı kapandı ve yol boyunca havadan sudan ahbaplık ettiğimiz 'sivil arkadaş', kolumdan sertçe çekerek koridorun hemen sağındaki ilk odaya soktu. Odanın koridora bakan duvarında pencereler vardı ve 'sivil arkadaş' beni, sırtımı pencereye döndürerek oturttu. Arkaya dönüp pencereye bakarsam çok kötü olacaktı! Yüzüm karşı duvardaki dosyalara dönük, beklemeye başladım. Ara sıra çift ay'lı kapı açılıyor, birileri daha ite kaka içeriye alınıyorlardı. Bir ara kapının açıldığını duyduğumda, merakımı yenemeyerek ve belli etmemeye çalışarak döndüm ve koridorda Erdal Öz'ü gördüm: Anlaşılan onu da içeri almışlardı...

Beş saat sonra sorgulama sırası bana geldiğinde, Komünist Masası Komiser Muavini Adnan Kınay'ın huzurundaydım. Basit bir edebi protestonun, Devlet'e karşı işlenmiş ağır bir suç sayıldığına, dehşetle (evet, dehşetle!) tanık olacaktım. Adnan Kınay, sorgulamaya şu soruyla başlamıştı çünkü: 'Söyle bakalım, ne zaman ve kimler vasıtasıyla komünist oldun?'

Bunun genç kuşakların eski edebiyatçılara karşı olan tepkisinden öte bir anlam taşımadığını anlatmaya çalıştımsa da bir yararı olmadı. Adnan Kınay bu kez de 'milli' şairimiz Behçet Kemal Çağlar'ı yuhalamanın, 'vatanseverlik'le bağdaşmadığını söyledi. Bu arada, o gece tiyatroya giriş biletini nerden aldığımı sormayı da unutmadı elbet. Arada bir, duruyor ve şöyle diyordu: 'Sakın yalan söyleme! Biz neyin doğru olduğunu biliyoruz!'

Akşama doğru Birinci Şube'nin çift ay'lı kapısından salıverildiğimde, babamı Sansaryan Hanı'nın merdivenlerinde gördüm. Elinde bir gazete vardı, – *İstanbul Ekspres* gazetesi... Baktım, birinci sayfanın tamamını kaplayan ve şimşir puntolarla atılmış kocaman, kara bir başlık: 'Komünistler Dün Gece Dram Tiyatrosu'nu Bastılar'...

Türkiye'de genç bir 'solcu' olarak 'siyaset'le teşerrüf etmem böyle oldu... Komiser Muavini Adnan Kınay'ın dediği gibi, 'siyasi şubede kaydı olanlardan biri'ydim artık...

OKUMA PARÇASI: V

ÇİLEKLİ MASAL

I. NOKTÜRN

Bir avuç çilekle başlar bu yarım masal. Benim daha suratımda sivilceler çıkmamış. Birsen'in saçları daha uzun, daha siyah. Odam ufacık, ama aydınlıktır. Balkonlu iki evin arasından bir parça deniz görünür. Gecedir. Yazdır sonra. Yaz rüzgârı, bir gece bulutlarını, bir harmanları –o iri mavi gözlü yıldızların düştüğü yangınlı harmanları– bir Birsen'in saçlarını savurur. Yollardan üstleri ışıklı, büyük, mavi kamyonlar geçer buğday yüklü. Ben yatarken ellerimi yastığın altına sokarım. Yastığın altı serindir. Yastığın altı sonbahar. Ellerimden yapraklar dökülür. Ürperirim. Anam üstümü örter usulca:

– Sütünü içtin mi, der.

Ben buğdayları ve çilekleri severim. Birsen de öyle. Rüyalarımızda buğdaylar büyür, çilekler ezilir. Geceleri tahta parmaklıklı bir evin önündeki çayırlıkta top oynarız, saklambaç oynarız. Birsen'le ben. İkimiz. Öteki çocuklar oynamazlar bizimle. Ayhan döver onları. Birsen benimle oynuyor, diye kızar. Ben

Ayhan'ı hiç sevmem. Gözleri kirlidir. Üstleri yosun tutmuş taşları andırır hep. Bir tuhaf bakar insana. Yosunlu yosunlu.

Oyundan yorulunca süt içeriz. Soğuk ve mavi. Anam kapıdan kocaman bir maşrapayla uzatır sütü. İçerken Birsen'i güldürürüm. Birazı önlüğüne dökülür. Somurtur.

– Bir daha oynamayacağım seninle, der. Pis çocuk!

Ben hüzünlü hüzünlü:

– N'olursun, Birsen, derim. N'olursun. Kimse oynamıyor benimle. Öyle yalnızım ki.

Ayağını yere vurur:

– Oynamayacağım işte, der.

– Öleceğim, ama ben, derim. Ölümü öp benimle oynamazsan.

Birsen'in saçlarına, ışıklı harmanlara gece bulutlarından bir yağmur dökülür. Mavi gözlü yıldızlar tahta parmaklı evin üstüne üşüşürler. Denizden çıkmış küçük çocuklar gibi sokulurlar birbirlerine. Islanırız. Yüzü öyle solgun.

– Ölme, der. N'olur ölme!

– Benimle oynarsan ölmem, derim.

Güler, birden.

Sonra içerden anamın şarkısını duyarız. 'Leylim, leylim, leyl olsun, leylim yâr'. Ne güzel söyler bunu. Birden şarkıyı keser. İçerden:

– Hadi artık, der. Geç oldu. İçeri gelin yalnız bebekler.

Sıcacık içeri gireriz. Birsen'e, "İyi geceler," derim. Soyunur, ışığı söndürürüm. Yatağa girerim sonra. Yatarken ellerimi yastığın altına sokarım. Yastığın altı serindir. Yastığın altı sonbahar. Ellerimden bir kilisenin küçük, kırmızı kiremitli damına yapraklar dökülür. Ürperirim. Birsen'in çayırda unuttuğu beyaz mendili, evin üstündeki mavi gözlü yıldızlara bir orman şarkısı söyler. Masal da söyler belki. Dinlerim biraz. Yıldızlar daha sokulurlar birbirlerine. Samanyolları gibi. Yollardan üstleri ışıklı, büyük mavi kamyonlar geçer buğday yüklü. Ben çiçekleri ve buğdayları düşünürüm. Bir şeyler kıpırdar kırmızı mavi. Sıcacık. Yağmur yağar hep.

II. ÇİLEKTEN EVLER

Birsen'le çilekten evler kuruyoruz. Yollarına çilekler, çakıl taşları –mavi benekli, güneşli çakıl taşları– döşüyoruz. Sağa sola yaseminler dikiyoruz. Kapılarına çilekten kapıcılar oturtuyor, onlara beyaz yakalı gri kürkler giydiriyoruz. Evlere pembe burunlu kuklalar, sarı saçlı, çilli çocuklar giriyorlar. Ellerimizi çırpıyor, sarışın çocuklardan birini yakalıyoruz. Çırpınıyor. Yarı çıplak. Birsen çocuğa:

– Adın ne senin, diyor.

– Keloğlan, diyor çocuk.

– Ama senin ay ışığı gibi saçların var, diyoruz ikimiz birden. Gülüyoruz sonra.

– Ben, diyor çocuk, ay ışığı gibi saçları olan Keloğlanım. Yaa.

Birsen gülüyor. Sonra çocuğun saçlarını dağıtıyor. Sarı saçlı, çilli çocuklar toplanıp bizi çilek yağmuruna tutuyorlar. Birsen'in burnuna bir çilek çarpmış. Öylece duruyor. Acemi acemi uzanıp burnunun ucundan öpüyorum. Sonra bileklerinden bir kuğuyu boynundan tutarmış gibi tutuyorum.

– Kimse bizim yaptığımızı yapamaz, diyorum usulca. Kimse çilekten evler kuramaz.

Çilekten bir evin kapısından içeri giriyoruz. Kapının iki yanında iki çam ağaççığı. Mermerli, aydınlık bir avluda bembeyaz bir yatak. Mermerlerde bulutlar. Yatağa yorgun, ama bir şeyler yapabilmiş in-

sanların rahatlığıyla uzanıyoruz. Başını koluma bırakmış. Aramıza mavi bir dal sarmaşık düşüyor.

– Sen şarkısın, diyorum. Mavi bir orman şarkısı.

Çilekli pasta yiyen bir çocuk gibi gülüyor. Karaağaçlı bir ormanda beyaz bir at koşuyor. Ormanın ortasında bir ev. İhtiyar bir kadın yalnız başına orada oturuyor. Korucunun karısı. Adam ölünce kadın eski evi bırakmamış. Eski bir ev, biraz çilek, sonra çan sesleri. Kadın eski bir ceviz sandıktan çıkardığı buruşmuş anılarını gümüş ipliklere asıyor. Yağmurlar da ev gibi eskidir artık.

Ormana giden dar patikaya gecelerden altınlar düşmüş. Birsen'in ayakları incecik. Dal gibi. Sonra çıplak. Sonra beyaz. Seviyorum. Birsen üstlerine bastıkça altınlar nedense yemyeşil oluyorlar. Bir ayağını iki kınaçiçeğinin ve yemyeşil altınların arasından görüyorum. Böyle daha çıplak. Yemyeşil yılan gölgeleri uzuyor yalnızlığımıza doğru. Sonra trenler, tren yolları uzayıp gidiyor.

Ormanda beyaz atı yakalıyoruz. Birsen ona kınaçiçeklerinden bir ceket örüyor. Ceketin ceplerine kestane şekerleri, yeşil altınlar dolduruyoruz. Birsen ceketi ata giydiriyor. Okşuyor onu. Bana dönüyor.

– Adını ne koyalım, diyor.

– Leylimyâr, diyorum.

– Leylimyâr, diyor. Sonra birden:

– Ay mavi midir, diye soruyor.

Gözlerimi büyük büyük açıyorum:

– Öyledir, diyorum. Ay mavidir. Ben seni seviyorsam çilekten evlerin tanrısı mavi bir ay daha yaratacak. Çilekten evlerin üstüne mavi bir ay doğacak. Kar da yağar belki. Kapıcılar gri kürklerine biraz daha sarınacaklar. Sarı saçlı, çilli çocuklar kardan adam yapacaklar. Burnuna, gözlerine çilekler yerleştirecekler kardan adamın. Öyle kocaman yapacaklar

ki kardan adamı, başı mavi aya değecek. Mavi ay, kardan adamın şapkasıdır artık. Bir kukla, piposunu çilekten evlerin gecelerine doğru ateşleyecek. Bir şarkı mırıldanacak...

– Ne güzel değil mi, diyor.

Susuyoruz sonra. Ormanda ateş yakıyor, çilekten evlerin gecelerini, gecelerden sessiz akan gölgeli ırmakları, kırk haramileri, ceylanları ve sarışın çocukları düşünüyoruz.

III. EŞKIYALAR

Sonra eşkıyalar geldi ormandan. Kırmızı atlara binmiş, kırmızı suratlı eşkıyalar. Geceydi. Yazdı sonra. Yaz rüzgârı, bir gece bulutlarını, bir harmanları, bir Birsen'in saçlarını savuruyordu. 'Yalnız Bebek' sokağındaki ıhlamur ağaçlı, sarmaşıklı kahvede sıcak sütlü kahve içiyor, gravyerli sandviç yiyorduk Birsen'le. Çilekten evler ışıklar içindeydi. Keloğlanların evinden tambur sesleri, şarkılar geliyordu. 'Yalnız Bebek' sokağı, mavi gözlü yıldızlardan koşup gelen alacalı mutluluklar içindeydi. Sade ve rahattı her şey.

Sonra eşkıyalar geliyor ormandan. Ellerinde yağlı ipler ve ateşler. Çilekten evlerin çilekler, mavi benekli, güneşli çakıl taşları döşediğimiz yollarından dörtnala geçiyorlar. Atların ayaklarında çilekler eziliyor. Güneşler eziliyor. Şaşırmışız. Ne olduğumuzu bilmiyoruz. Birsen bana sokuluyor. Üşüyormuş gibi.

– Eşkıyalar, diyor.

Başımı sallıyorum. Saçlarını okşuyorum usulca.

Onlar –âh! Evet eşkıyalar– çilekten evlerimizi ateşlere veriyorlar. Çakıl taşlarında güneşleri; ezik, reçelleşmiş çileklerin arasında kaybediyoruz. Yalnız büyük ateşler; katranlı, pis eşkıya gölgeleriyle oynaşıyor yollarda. 'Yalnız Bebek' sokağında yapayalnızız. Üşüyoruz.

Pembe burunlu kuklalar, sarı saçlı, çilli çocuklar evlerden dışarı fırlıyorlar. Bir o yana, bir bu yana kaçışıyorlar yangınlar ortasında. Üzerlerine yanmış çilekler düşüyor. Aralarında Keloğlan. Saçları ve yüzü dağınık. Birsen:

– Keloğlan, diye bağırıyor. Buraya gel.

Yanımıza geliyor soluk soluğa. Elinde tambur:

– Eşkıyalar, diyor. Başlarında Ayhan var.

Ayhan kırmızı bir atın üstünden:

– Yakın, diye bağırıyor. Yakın!

Birsen ellerini ona doğru uzatıyor. Çılgın gibi ağlıyor:

– N'olur yapmayın, diyor. Yakmayın çilekten evlerimizi n'olur.

Ayhan'ın gözleri daha kirli. Kanlı. Yosunlu değil artık. Başında mor kadife bir külah.

– Yakılacak, diyor. Bir tek çilekten ev kalmayacak. Ha-ha-ha!

Sonra beni gösteriyor Birsen'e:

– Onunla oynar mısın, diyor. Nasıl, oynar mısın onunla?

Yollardan üstleri karanlık, büyük mor kamyonlar geçiyor. İçlerinde kuklalar ve sarışın, çilli çocuklar.

– Evlerimiz, diye ağlıyorlar.

– Evlerimiz, diyor Birsen. Çilekten evlerimiz!

Eşkıyalar 'Sütlükahve' sokağında çilekten evlerin tanrısını yakalamışlar. O'nu yağlı iplerle çarmıha giriyorlar. Pembe burnuyla hüzünlü hüzünlü gülüyor bize.

– Yaktılar, diyor. Âh, onlar! Birsen diz çöküyor:

– Tanrım, diyor. Tanrım n'olur!

Birden yepyeni bir yağmur başlıyor. Onu görüyoruz. Onu. Leylimyâr'ı. Ağzı bulut gibi köpüklü, ormandan çıkıp geliyor. Üzerinde Birsen'in ona kınaçi-

çeklerinden ördüğü ceket. Tanrı'nın yanındaki eşkıyalar korkup kaçıyorlar. Çarmıhın iplerini çözüyoruz. Islak ve pembe gülüyor.

– Leylimyâr, diyoruz, neredeydin?

– Sizi kaçıracağım, diyor.

Hep beraber biniyoruz. Keloğlan, Birsen, ben, bir de çilekten evlerin tanrısı. Mavi ay çam ağaçlarının ardından doğuyor. Harabelerin arasından rüzgâr gibi geçiyoruz. Yerlerde yanmış çilekler.

– Evlerimiz, diyor Birsen.

Arkamızdan Ayhan bağırıyor:

– Yakalayın onları! Kim yakalarsa bin altın.

Birbirimize daha sıkı sarılıyoruz.

– Korkmayın, diyor Leylimyâr. Yakalayamazlar.

Salkımsöğütlü bir ırmağın kenarında duruyor. Eşkıyalar yok artık. İniyoruz, sabah oluyor. Irmakta ellerimizi, yüzümüzü yıkıyoruz. Birsen'in entarisinde çilek lekeleri. Keloğlan tamburunu bir söğüdün dibine bırakıyor.

Birsen'in ellerini tutuyorum. Hâlâ mahzun:

– Üzülme yalnız bebek, diyorum. Göreceksin yeniden yapacağız. Yeniden çilekten evler kuracağız. Tanrı tanık olsun.

Tanrı gülüyor pembe pembe.

Birsen:

– Ne iyisin, diyor.

(*Yeditepe,* 1 Ağustos 1957)

XII

Hukuk Fakültesi'nde öğrenciydim. Öyleydim, ama hukukçu olmak gibi bir niyetim yoktu: Babam, ya 'Mülkiye, ya Hukuk!' diye direttiği için, çaresiz, Hukuk'u seçmiştim. Önceleri Ankara'da, Siyasal Bilgiler'de okumanın bana fazlasıyla cazip geldiğini itiraf etmeliyim. 1954 yazında liseyi 'pekiyi' ile bitirmiş biri olarak, SBF'nin sınavları için özel olarak çalışmam da gerekmiyordu. Siyasal Bilgiler'in giriş sınavı için başvuru zamanı geldiğinde, yaz sonuna doğru bir gün, Kabataş'ı bitirdikten sonra, okulda kitaplığı düzenlemekle görevli 'muallim muavini' olarak kalmakta olan arkadaşım Hikmet Sami Türk'ü görmeye gitmiştim. Kabataş Lisesi Kitaplığı'nda oturmuş söyleşirken, Sami bana 'üniversite için ne düşündüğümü' sordu. Ben de 'Siyasal'ı düşünüyorum. Sınavlara girmek için başvuracağım..' yanıtını verdim. 'Boş versene!' dedi Sami, 'Ankara'da ne yapacaksın? Bak, ben Hukuk'a gireceğim. Fena mı, burada İstanbul'da, gene hep birlikte oluruz...'

Doğrusu, SBF'de okumak bana cazip gelmesine cazip geliyordu, ama İstanbul'dan ayrılmayı da içime sindirememiştim. Büyük olasılıkla, bizimkiler, annemle babam da, benimle birlikte Ankara'ya göç etmek zorunda kalacaklardı, ki bu büyük bir masraf demekti! Sami'nin önerisi aklıma yattı. Hem Siyasal'ı bitirmekle, Hukuk'u bitirmek arasında bir fark yoktu benim için, – iktisatçı veya diplomat olmayı düşünmediğime göre! Baba mesleğini, idareciliği seçmek zorunda olduğum için, ha Hukuk ha SBF, hiç fark etmiyordu ki...

Hukuk'ta aslında iyi, ama tembel bir öğrenci oldum. Genellikle, 'iyi öğrenci', 'çalışkan öğrenci' anlamına geldiğinden, bu sözüm bir çelişki gibi görünebilir! Oysa, tastamam öyleydim. Başarılı olmaktan çok, *anlamak* ilgilendiriyordu beni! Çalışkan·öğrenciler, Prof. Kubalı'nın, o yıl, fasiküller halinde yayımlanan *Esas Teşkilat Hukuku Dersleri* kitabını ya da Ord. Prof. Şükrü Baban'ın, uzun süredir yeniden basılmadığı için Sahaflar Çarşısı'nda, ederinin kat kat üzerinde satılan (bulabildiyseniz elbet!) *İktisadi* kitabını satır satır ezberlerlerken, ben okuduklarımı anlamaya çalışıyordum. Gel gelelim, hocalar, benim gibi düşünmediklerini gösterdiler ilk sınavda. 'Anlamak'tan çok, 'Hoca'nın takrirlerini' tekrarlamak geçerliydi. Bir tek Roma Hukuku müstesna! 'Roma Hukuku' derslerini, o yıl İtalya'dan gelen Prof. Dr. Giovanni Pugliese Fransızca olarak veriyor, asistanı Dr. Ziya Umur da Türkçe'ye çeviriyordu: Türkan Hanım (Rado) henüz profesör olmamıştı; doçentti ve Pugliese ile dönüşümlü olarak ders veriyordu. Dil'e, özellikle de eski dillere olan aşırı tutkum yüzünden, Roma Hukuku'na ilişkin bütün Latince terimleri ezbere biliyordum. 'Cum Hominum causa omne ius constitum sit'le başlayıp, 'Iudicium Dabo'lara, 'Alieni Iuris'le' Sui Iuris'lere kadar...

Pugliese'nin, kürsüde konuşurken, sağ elinin baş ve şahadet parmaklarını sık sık alnına götürüp, 'Si un homme est Alieni Iuris et un autre Sui Iuris...' diye başlayan cümlelerini taklit ederek eğlendiriyordum yakın sınıf arkadaşlarımı...

Hukuk Fakültesi'nin birinci sınıfındaki (1954-1955 ders yılı) hocalarımız şunlardı: Ord. Prof. Ali Fuad Başgil ve doçenti Selçuk Özçelik 'Türk Anayasa Hukuku', Prof. Hüseyin Nail Kubalı, doçenti Tarık Zafer Tunaya ve asistanı Alp Kuran, (Ali Fuad Hoca Türk Anayasa rejimini anlatıyordu, Kubalı hoca ise, genel olarak, Anayasa hukukunun ilkelerini...) Ord. Prof. Kemaleddin Birsen ve doçentleri Feyzi Feyzioğlu, Bülent Köprülü ve asistanları İsmet Sungurbey ve Aydın Aybay 'Medeni Hukuk'a gelmekteydiler. (Birinci sınıfta Medeni Hukuk'un 'Şahsın Hukuku' ve 'Aile Hukuku' bölümü okutulmaktaydı. İkinci sınıfta, 'Borçlar Hukuku' ve 'Miras Hukuku; Üçüncü sınıfta, 'Aynî Haklar' ya da 'Eşya Hukuku'... Dördüncü sınıfta ise, 'pratik çalışma'lar yapılıyordu...) 'Hukuk Başlangıcı' dersini Ord. Prof. Abdülhak Kemal Yörük ve Prof. Orhan Münir Çağıl veriyorlardı. Roma Hukuku'na Pugliese, Rado ve Umur'un geldiğini söylemiştim. 'İktisat'a ise, Ord. Prof. Şükrü Baban, doçenti Besim Üstünel ve asistanı (yeni doktor olmuştu) İdris Küçükömer... Kısaca, Hukuk Fakültesi birinci sınıfında, topu topu beş ders okutulmaktaydı...

Hukuk Fakültesi öğrencilik yıllarıma ait anılarım var elbet. Biri şudur: Bir gün, Prof. Kubalı'nın büyük amfideki dersindeyiz. Erdal Öz'le, arka sıralardan birinde 'amiral battı' oynuyoruz. Bir ara, Kubalı'nın, 'Memnun bir domuz olmaktansa, gayrımemnun bir insan olmayı tercih ederim,' dediği, hemen arkasından da, 'Bu söz kimindir? İçinizde bilen var mı?' diye sorduğu kulağıma çalındı. Koca amfide tam bir sessizlik! Ben parmak kaldırdım: Kubalı, 'Buyrun!' dedi. Ayağa kalktım. Herkes bana bakıyor: 'Hocam,' dedim, 'bu söz John Stuart Mill'e aittir...'

Kubalı, 'Evet,' dedi, 'doğrudur: Arkadaşınız doğru söylüyor: Bu söz, İngiliz filozofu John Stuart Mill' indir...' Ve ekledi: 'Sizi tebrik ediyorum ve teşekkür ediyorum. Çünkü, bir an kime ait olduğunu unutmuştum bu sözün...' Kubalı, daha sonra, kendi başından da buna benzer bir olayın geçtiğini, onun da hocasının sorduğu bir soruyu bildiğini, bunun üzerine hocanın Kubalı'yı göstererek, sınıfa, 'İşte, ilerde benim asistanım olacak genç!..' dediğini anlattı. Erdal kulağıma eğilmiş, bana, 'Hadi işin iş, asistanlığı garantiledin...' diyordu...

Ders bittiğinde, sınıfa sabah erkenden gelerek ön sıraları tutan 'çalışkan' öğrencilerin bana bakışlarını görmeliydiniz! Sanki bu soruya yanıt vermenin onlara ait bir hak olduğunu, benim yanıt vermekle, o hakkı, deyiş yerindeyse, onlardan 'gasp ettiğimi' düşünüyor gibiydiler. Ama beni asıl ilgilendiren, hiç kuşku yok, kızıla çalan uzun saçlarıyla bende inanılmaz bir cinsellik kışkırtan, o dar etekli kızı etkileyip etkilemediğimdi...

Şükrü Baban'a dair birçok öykü anlatılıyordu: Sınavlarda garip sorular sorarmış. Örneğin, bir kız öğrenciye, 'Sen mal mısın, sermaye mi?' diye sorduğu, kızın da, 'Kullanana göre değişir, Hocam!' diye yanıtladığı söylenirdi. Böylece kızın 'mal' değilse bile, 'malın gözü' olduğu anlaşılmış oluyordu...

Şükrü Baban, derse yakasında daima bir kırmızı karanfil takmış olarak gelir, kürsüde Besim Hoca'yı sağına, İdris Hoca'yı da soluna alıp oturduktan sonra, cebinden saatini çıkarıp kürsüye koyar, ders anlatırken, ara sıra, göz atardı. Derse başlamadan önce hademenin kürsüye bir bardak su koyması da âdettendi.

Ama, dedim ya benim hukukçu olmak gibi bir sorunum yoktu. Kubalı'ya asistan olmaksa aklımın ucundan bile geçmiyordu. Aklım fikrim, Edebiyat Fakültesi'ndeydi benim. Felsefe okumak istiyordum. Gel gelelim, babam Hikmet Yavuz'a rağmen, bunu yapabilme olanağım yoktu. Bir an önce üniversiteyi bitirmem gerektiğinin de bilincindeydim. Bir ikilemi yaşıyordum kısacası: Hem bir yandan Hukuk'u ne pahasına olursa olsun bitirmek istiyor, hem de öte yandan, Hukuk'u bitirmemek için elimden geleni yapıyordum. Hukuk Fakültesi'ni bitirmem gerekiyordu; – 1956'nın sonuna gelindiğinde, ailem giderek, daha çok yoksullaşmaktaydı.

OKUMA PARÇASI: VI

ÖZLEMLİLER

O gece yatakta uzun uzun ağladım. Kendimi öylesine rahat, öylesine bahtiyarlıklarla yorgun sanarak. Başlangıçta öyle değildim. –Bunun farkındayım.– Ama gece, eve geldiğim zaman birdenbire çocuksu bir duyguyla yatağımda olmak istediğimi hatırlıyorum. Kimseyle konuşmadan –ışıkları bile yakmaktan çekinerek– soyunmaya başladım. Sanki, garip, beklenmedik bir şeylerin olmasından ürkerek çabuk çabuk soyunuyor, ara sıra hafifçe titriyordum. Çoğu kez, özensizce oraya buraya fırlattığım elbiselerimin yumuşak halıların üstüne düşerken çıkardığı hışırtılardan irkilerek duraklıyordum. Yeni değiştirilmiş yastık yüzlerinden yayılan ince bir naftalin kokusu odayı esenlikle kuşatmıştı. Soyunmamı bitirince, rahatlıkla yatağıma bakmış, sonra –âh evet sanki bir denize giriyormuşçasına– usulca yatağa uzanmıştım. (Yatılı okuldayken denize bakan bir odada kalırdım. Denizin ince sarı kumlarla bittiği yerde, yatağımın başladığını hayal etmek bana sonsuz bir bahtiyarlık verirdi. Nice geceler uzun bacak-

larımı kasıp uyumaya çalıştığım geç saatlerde denizi ak köpüklü uğultularla yatağımda duymuşumdur.)

O gece uzun uzun ağladım. Yıllarca yalnızlıklarla koşulu bir hayalcinin karanlıkta daha bir som beyazlıkla beliren yatağında: Kendince ödlek, ama bahtiyar duygululuğu içinde ağladım. Bunu kabul ederim. Çoğu kez, yatakta huzursuzca dönüyor ve Tanrı'nın bana bağışladığı bir mutluluk ânının, birdenbire yitivermesinden korkarak, iyice büzülüyordum. (Kara gövdeli ağaçların altında elimi tutmuştu. Bunu hiç beklemiyordum. Kuytularda ince yıldız ışıkları belirmişti birden, "Özlemlerle doluyum," demişti usulca sokularak, "bilmezsiniz ne kadar özlemlerle doluyum." Sonra susmuş, durgunlaşıvermişti. Gidip, ağaçlıklı bir çayevinin, uzak masalarından birine oturmuştuk, hiç konuşmadan. Sessizlikte alıngan çayımı yudumlamış, çocukça bir kırgınlıkla beklemiştim.)

Özlemli sokulganlıklarına rağmen, onun benden umutsuzca bir yönünü saklamaya çalıştığını anlıyordum. Bu, bana nilüferlerin durgun su kesiminin altında kalan ince, titrek, ama yarı aydınlıkta bile seçilebilen köklerini hatırlatıyordu. "Özlemlerle doluyum," diyordu. Onların neler olduğunu sormuştum. "Hiç," demişti omuzlarını kaldırarak. Sonra oldukça soğuk bir tavırla: "Mesela ağaçlar, çiçekler, denizler... Ne bileyim, öyle işte..." Bununla, bir rahatlığı ve bir erkeğin –o ben'dim ve bundan saygısızca gurur duyuyordum– kaba, yalın ve sevgiyle gelişen yönlerini istediğini anlıyordum. "Size çok şeyler verebilirim," demişti bir kez, benim bunlara gerçekten layık olup olmadığımdan kuşkuluydu. Korkuyordu denebilir. Korkuyor ve bana cömertçe vermeyi tasarladığı şeyleri –onları yıllarca, titizlikle saklamıştı– gözünde büyütüyordu belki. (Bunda haklıydı.)

Yıllarca ezik tozlu bir kadın. Yalnız. Özlemli. Beni seviyor. Ama korkak. "Bir inanabilsem," diye düşünüyor. Hep bunu düşünüyor. Peki, ne yapmalıyım? Arkadaşı ne demişti? Ha, evet. "Gösterin erkekliğinizi." Hıh, erkeklik! Onun güvenmesi bana bağlıymış. Hıh. O sersem Erdem de bunu söyledi ya. Keşke anlatmasaydım. Piposunu hiç ağzından çıkarmaz. Güya ilgisiz görünmek istiyor. Küstah. Ona sormamam gerekiyordu. "Sen kendine bak oğlum," demez mi? "Eğer kendine güveniyorsan mesele yok..."

O gece, olup bitenleri, en küçük ayrıntılarına kadar düşündüm. Düşündükçe Erdem'e hak veriyordum. Ne yapmıştım ben? Önceleri kıza karşı, hep iyi yönlerimi göstermeye savaşmıştım. Yanlış. Bu beni olduğum gibi tanımasına engel oldu. Oysaki, ben hırçın bir adamım. Ondan bu yönümü sakladım. Evet, ben bir sahteciyim, iki yüzlü bir adamım ben. Ne yapayım? Erdem'e bunları anlatırken, üzerinde gereği kadar durmadığını anlıyordum. Erdem gülmüştü. Piposunu ağzından çıkararak (yalnız, kendince önemli şeyler söylemeye hazırlandığı zaman yapardı bunu), "Sen budalanın birisin," demişti. "Düşün niçin, iyi yönlerinle görünerek, seni eksik tanımasına yol açtın? Ha, söyler misiniz küçük bey?" demişti gözlerini, alayla kısarak. Umulmaz bir ağırbaşlılıkla, "Çünkü seviyordun kızı..." diye eklemişti. "Yalan mı?" Sonra ilgisizce piposunu karıştırmaya koyulmuştu.

Gerçekten onu seviyordum. Hırçınlıklarım, aşırılıklarım bu yüzdendi. Onunla karşılaşmadan önce, böyle değildim. Sakin bir adamdım o zamanlar. Akşamları, odasının o her zaman rüzgârlı penceresinden, oyalı mindere dayanarak, düşlü gözlerle gökyüzünü seyreden bir adamdım ben. Kabartma çiçekli yastık yüzlerine sinen naftalin kokusu beni çocuksu ederdi –Naftalin bana annemin uzun, üstü çilli par-

maklarını hatırlatır hep–. Pencereden nice özlemler duyarak kadınlara bakardım. Kendimi büyük sıcak nehirlerin kenarında altın aramaya çıkmış sarı meşin ceketli adamlara benzetirdim. Belki bir gün, o nice düşlü özlemlerin –tıpkı bir altın arayıcısı gibi– gerçek olacağını düşünür, sıcaklık duyardım. Yeryüzünde kadınların, nice alımlı genç kızların var olduğunu –ama sadece var olduğunu– bilmekten haz duyardım. Yorgunlukla gerinerek, işlemeli yastığa yaslanır, düşünürdüm. Çiçekleri kelimelerle düşünen, kelimelerden çiçekler yapan, onları seven biriydim ben.

Ama bir gün, bencileyin özlemlere tutkulu biri çıktı. Evet, onu sevdim. Bunu kesinlikle söyleyebilirim. Onun, sıcak çayların bana getirdiği rahatlıkları sezen harikulade yönünü, bunu anlatmak için seçtiği kelimeleri sevdim. Sözgelimi, "Kedi," diyordu bana bir rahatlığını belirtmek isterken. Gözleri çocukça gülümsemelere özlemle yatkın. "Nasıl, özlemlerle doluyum," dediği ânı, (bunu bir martının göğsüyle denize değmesi ânına benzetiyordum) iyi seçebilmiş olması beni çıldırtmıştı. Yatakta sevinçle sıçrayarak bacaklarımı uzattım. Ağaçların altında elimi tuttuğu zaman parmak uçlarını hissetmiştim. Çekingen, "Onu parmak uçlarından sevmeye başlamalıyım," diye düşündüm usulca. "Yumuşak ve bir çiçeğin göbeği gibisine duyarlı, titrek parmak uçları var." Sonra, birdenbire ağlamaya başladım.

(*Tercüman* Gazetesi
Sanat Sayfası, 3 Aralık 1958)

XIII

Aslında, üniversiteye başladığım 1954 sonbaharında, ailemin parasal durumunun giderek kötüleşmeye başladığının ayırdına varmıştım. Babam emekli kaymakam, 'Yirmi Yedi Yıllık Cumhuriyet İdarecisi' Yahya Hikmet Yavuz'un, emekli maaşından başka hiçbir gelirimiz yoktu. Kira evinde oturuyorduk ve 'üç aylıklar'ının büyük bir bölümü kiraya gidiyordu. Lisede yatılı okuduğum dönemlerde, geçim durumumuzun pek farkında olmamıştım. Hafta sonları eve geldiğimde, hep bir şölenle karşılanıp, el bebek gül bebek 'tek çocuk' sofralarında ağırlandığımdan, her şeyin yolunda olduğunu sanıyordum. Üniversiteye başlayınca durum değişti. Annem, görece yoksullaşmamızı gizleyemez olmuştu...

Hane halkı olarak beş kişiydik. Annem, babam, yatalak ve gözleri görmeyen babaannem, ben ve babamın Terme'deki kaymakamlık yıllarında evlatlık olarak aldığı Nazmiye... Nazmiye, daha çok, babaannemin bakıcılığını yapıyor, ondan artakalan zamanlarda da ev işlerinde anneme yardım ediyordu. Küçük dayımın oğlu Macit de, askerliğini Hadımköyü'nde yaptığı için, hafta sonları izinli geldiğinde bizde kaldığından, ailenin nüfusu altıya çıkmaktaydı.

'Görece yoksullaşma', sadece evin geçimini değil, benim cep harçlıklarımı da etkiledi. Dilediğim kitapları satın alamamak, Hukuk Fakültesi'nin, amfilerden daha çok mekân tuttuğumuz kantininde, içilen çay ya da kahvelerin; Pano'nun afyonlu şaraplarının ve biberli, kimyonlu köftelerinin parasını ödeyememek; sinemalarda görmek istediğim filmleri seyredememek... ama en kötüsü, sigaradan kısıntı yapmak, galiba, hane halkının geçiminden daha çok ilgilendirmekteydi beni... 'Tek çocuk'luğun getirdiği o bencillik, yeniyetmeliğin sınır tanımaz istekleriyle birleşince, çalışıp para kazanmak gerektiğini düşünmeye başladım. 1950'li yılların genç insanları için, alın teriyle çalışmanın dışında, başka bir kazanç seçeneği düşünülemezdi çünkü...

Gene de işi ağırdan aldım. Üniversitenin ikinci yılının sonuna kadar iş bulma konusunda herhangi bir girişimde bulunmadım.

1956 sonbaharı olmalı. Yağmurlu bir gün, fakülteden çıktıktan sonra, Kapalıçarşı'dan Cağaloğlu'na doğru yürüdüm. Bir gazetede çalışmayı deneyecektim. Eh, serde 'edebiyatçılık' vardı ve elbette benden iyisini bulacak değillerdi!!! Bu özgüvenle *Dünya* gazetesinin kapısından içeri girdiğimde, işe hemen alınacağımdan en küçük bir kuşku duymuyordum.

Hukuk Fakültesi'nde öğrenciydim, (İki'den Üç'e takıntılı geçmiştim!) Fransızcam ve Osmanlıcam iyiydi. Çat pat İngilizce, ama asıl önemlisi, yazı yazmayı biliyordum. Bir gazetecide daha ne aranırdı ki?

Önce, niçin *Dünya* gazetesini seçtiğimi söylemeliyim. Bir kere, Hukuk öğrenciliğim bende, D.P. iktidarına karşı fena halde muhalif bir kimlik oluşturmuştu. *Dünya*'yı, benim düşündüğüm sertlikte bir muhalefet yaptığı için seviyordum. Falih Rıfkı Atay ve Bedii Faik'in yazılarına bayılıyordum. Adnan Benk'in tiyatro, resim, müzik ve edebiyat eleştirilerine büyük hayranlık duyuyordum. Gençlik, alaycı, acımasız ve yıkıcı eleştirileri, sağduyulu, serinkanlı ve akılcı eleştirilere yeğ tutar. Benk'in eleştirilerinde hem ciddi bir entelektüel içerik, hem de haşarı, sakınmasız ve ironik bir üslup vardı. Bu çok bilgili, çok zeki, üstelik çok matrak adamla tanışıyordum ayrıca. Adlî Moran ve Semih Tuğrul'la birlikte çıkardıkları *Küçük Dergi*'ye 1953 yılında 'Gün Işığı' adlı bir şiir göndermiş ve şiirin hemen ertesi sayı hem de tam sayfa yayımlandığını görünce, derginin yönetim yerine giderek teşekkürlerimi bildirmiştim. Hiç tanımadıkları bir yeniyetmenin, mektupla gönderdiği bir şiirini yayımladıkları için, bu teşekkürü hak ettiklerini düşünüyordum.

O gün, orada, Adnan Benk'le tanıştım. Şiirden konuştuk. Bana 'Gün Işığı'nda adı geçen Hümeyra'nın kim olduğunu sordu. Yabancı dil bilip bilmediğimi, Fransızca'dan çeviriler yapıp yapamayacağımı öğrenmek istedi. Ara sıra, yeni şiirlerimle, uğramamı da istedi benden. 17'sini sürmekte olan bir yeniyetme için ne büyük onur...

Dolayısıyla *Dünya* gazetesine gittiğimde, kendimi Adnan Benk'e hatırlatmayı ve gazetede çalışmak istediğimi söylemeyi umuyordum. Hayal kırıklığı! Adnan Bey orada yoktu ve elbette asıl işi gazetecilik değildi. Onu görmek istiyorsam, Edebiyat Fakültesi Fransız Filolojisi'ne gitmeli, Doçent Adnan Bey'i orada aramalıydım!

Elbette yılmadım. Adnan Bey yoksa, yazı işlerinden sorumlu biriyle görüşmek istediğimi söyledim. Uzun bir süre, tuvaletin önündeki küçük holde ve ayakta bekletildikten sonra, gazetenin genel yayın müdürü olduğunu öğrendiğim Hayri Alpar'ın huzuruna çıkarıldım. Hayri Bey, benimle hemen hemen hiç ilgilenmedi; muhabir kadrosunda yeni bir elemana ihtiyaç yoktu!

Elbette yılmadım. *Dünya* olmayacağına göre, neden *Vatan* olmasındı? Pekiyi de, *Vatan*'a nasıl girecektim? Birden aklıma Oktay Akbal geldi. Oktay Ağabey'i hem Behçet Hoca'nın (Necatigil) arkadaşı, hem bir edebiyatçı olarak, hem de Fatih'ten, mahalleden tanıyordum. Macar Kardeşler Caddesi ile Kıztaşı'nın tam karşısındaki sokağın köşe başını yapan Fatih Postanesi'nin (şimdi Yapı Kredi Bankası var orada!) önünde, Selahattin Abi'nin gazete tezgâhından alıyordu dergilerini Oktay Ağabey. Ben de sık sık, Selahattin Abi'nin çapkınlık kaçamaklarında tezgâhta durduğum (ve böylece gazeteleri ve dergileri bedavadan okuyabilme ayrıcalığına sahip olduğum) için Oktay Ağabey'le laflama olanağını buluyordum. Oktay Ağabey, Fatih'te 'Garipler Sokağı'nda oturmuyordu çoktan beridir; ama annesi oradaydı. Onu görmeye geldiğinde, nasılsa, yol üzerindeki gazete tezgâhına da uğrar beklentisi ile kaç gün oralarda oyalandım, kimbilir?

Sonunda beklentim gerçekleşti. Oktay Ağabey, annesini görmeye geldiği o gün caddeden geçerken tezgâha da uğradı. Utana sıkıla, iş aradığımı ve *Vatan* gazetesinde bana bir muhabirlik veya bir musahhihlik (düzeltmenlik) verilip verilemeyeceğini sordum. Oktay Ağabey, yazı işleri ile konuşacağını ve bir daha gelişinde bana haber ileteceğini söyledi.

Evde telefonumuz yoktu henüz. (Ayraç içinde belirteyim: Telefon alabilmek hiç de kolay değildi o yıllarda! P.T.T.'ye yaptıkları müracaatın üzerinden yıllar geçtiği halde telefon alamayanlar vardı! Ben, ancak, 'Sarı Basın Kartı' ile başvurmuş olmanın sağladığı 'öncelikli tahsis' ayrıcalığına rağmen, sanırım iki yıl sonra, 1964'te telefon sahibi olabilecektim!)

Ertesi hafta Oktay Ağabey, tezgâha uğramış ve Selahattin Abi'ye, benim gazeteye gelip Yazı İşleri Müdürü İhsan Ada ile görüşmem gerektiğini söylemiş. Randevuya gerek yokmuş; İhsan Bey'in gazetede bulunduğu herhangi bir saatte görüşebilirmişim onunla; elbette 'Oktay Ağabey'in adını vererek!

İhsan Ada gündüzleri çalışıyordu ve yazı işlerinin en rahat olduğu saatlerin öğle saatleri olduğunu bildiğimden, bir öğleden sonra *Vatan*'ın Cağaloğlu'nda Molla Fenari Sokağı'ndaki ahşap binasına gittim. Kapıda, bir dudağı yerde bir dudağı gökte, Alaaddin'in Sihirli Lambası'ndaki hüddama benzeyen zebella bir Habeşî duruyordu. Beni çevirdi ve Tevfik Gelenbe'nin 'Arab Bacı' taklitlerindeki sesiyle kimi aradığımı sordu. İhsan Ada'yı göreceğimi söyledim ve birkaç basamakla ulaşılan camlı bir bölmeden geçerek yukarıya çıktım.

İhsan Ada, kalın gözlüklerinin üzerinden şöyle bir baktıktan sonra, muhabir kadrosunda bir 'münhal' bulunmadığını, ama beni, eğer istersem 'musahhih' kadrosunda stajyer olarak tecrübe edebileceklerini bildirdi. Dünden razıydım, elbet!

O yıllarda gazetelerde haber sayfalarının bağlanmasına gece yarısından sonra başlanırdı. Birinci sayfanın 'çatılması' için sermürettip saat 02.00'ye kadar bekler ve nöbetçi sekreterin (yazı işleri müdür yardımcısı) nezaretinde, eğer yazı işlerinde o gün akşamüzeri çizilen plan değişmemişse (bir başka deyişle, beklenmedik ya da apansız ortaya çıkan bir haber yoksa!) sayfanın bağlanması işine girişilirdi. Musahhihlere köşe yazıları, günlük rutin haberlerle magazin haberleri ve röportajlar erken saatlerde linotiplerde dizilip provası çekilmiş olarak verilir, düzelti işi bu yazılarla başlardı. *Vatan*'ın yaşını başını almış yazarları, başta Ahmet Emin Yalman, Enis Tahsin Til, Ahmet Refik Noyan, Sadun Galip Savcı eski harflerle yazarlardı yazılarını. Onları eski harfleri bilen mürettipler dizer, çıraklar dökülmüş kurşun satırları mürekkepli bir merdaneden geçirip prova aldıktan sonra asıllarıyla birlikte, Tashih Servisi'ne getirirlerdi. Sermusahhih (çoktan rahmetli oldu) Kâzım Özdilci Hoca, Ahmet Emin Bey'in başyazılarını asıllarıyla karşılaştırarak okurdu. O önüne, eski harflerle yazılmış olan orijinal metni alır, yeni harflerle çekilmiş olan provayı da, görevli musahhihlerden birine verirdi. Yeni harflerle yazılmış yazılar için de, karşılıklı okuma kuralı geçerliydi.

Tashih Servisi'nde dört kişiydik. Kâzım Hoca, Fahri Hoca, Seyit Kemal Karaalioğlu Hoca ve ben! 'Hoca' deyişim boşuna değil! Seyit Kemal, öteki 'hoca'lara göre gençti ve gündüzleri bir lisede edebiyat öğretmenliği yapıyor, gece de musahhih olarak çalışıyordu. Kâzım Hoca da, Fahri Hoca da, ilkokul öğretmenliğinden emekliydiler.

Tashih Servisi üzerinde bunca durmamın bir nedeni var: Bir metnin sadece aslı ile provasını karşılaştırıp, varsa, dizgi yanlışlarını düzeltmek değildi işimiz; zaman zaman, yazarlar ya da muhabirler, ciddi bilgi hataları da yapıyorlardı, ki onları da düzeltmek bizim görevimizdi. Dolayısıyla, musahhihlerin, gazetede önemli bir işlevi olduğu düşünülmekteydi ve özellikle entelektüel düzeyi yüksek olanlardan seçiliyorlardı. [Ayraç içinde belirteyim: Bu gelenek, benim 1962-64 yılları arasında çalıştığım *Cumhuriyet* gazetesinde devam etmiştir: Doğan Hızlan, *Cumhuriyet*'te düzeltmendi o yıllarda; Kemal Özer, Adnan Özyalçıner, Mustafa Baydar, Konur Ertop, M. Ali Tanyeri de... Gazetelerin 'düzelti' (artık 'tashih' denilmiyordu!) servisleri, eski deyişle birer 'edebi mahfil' gibiydiler... Gazetenin her anlamda yanlışsız çıkmasına büyük önem atfedildiği yıllar! Yanlışsız gazete çıkarmanın bir 'onur' sorunu yapıldığı yıllar!]

Oktay Akbal da, yazı işleri sekreteri olmazdan önce *Vatan*'da musahhih olarak çalışmıştı. O yüzden de bana sabırlı olmamı, sırası geldiğinde musahhihlikten yazı işlerine atlamamın söz konusu olabileceğini anımsattı. Nitekim bu fırsatı çok geçmeden yakalayacak ve musahhihlikten muhabirliğe geçecektim...

Bu fırsatı nasıl yakaladığımın öyküsünü, *İnsanlar, Mekânlar, Yolculuklar* kitabımdaki, 'Vatan Günleri' adlı anı yazısında anlatmıştım. Burada onu yinelemek istemem, ama şu kadarını söyleyeyim: Bu, bir pazar günü izlediğim 'Bekçiler Derneği' kongresi dolayısıyla yazılmış eğlenceli bir haberimin, yazı işlerince çok beğenilmesi üzerine olmuştur.

XIV

Vatan gazetesinin İstihbarat kadrosunda stajyer muhabir olarak işe başladığımda, maaşım 75 lira olmuştu. 1957 yılının Mayıs ayında iyi bir paraydı bu. İstihbarat Şefi Kemal Aydar'dı ve muhabir kadrosunda görev alanlar şunlardı: Mesut Özdemir (Vilayet, Belediye), Ali Gevgilili, Rahmi Berksoy (Polis, Adliye). Necla Tümay (Şimdi 'Radikal'in Genel Yayın Yönetmeni olan İsmet Berkan'ın annesi, Maarif muhabiriydi), Necla Erbakır (Denizcilik muhabiriydi), Cevdet Mardin (Prof. Dr. Şerif Mardin'in kardeşi; babası büyükelçi olduğu için yabancı ülkelerde eğitim görmüştü; iki yabancı dili, Fransızca ve İngilizce'yi anadili gibi biliyordu; Beyoğlu muhabiriydi). Mesut Özdemir, Vilayet ve Belediye haberlerinden sorumluydu, ama daha çok, 'serbest muhabir' statüsünde çalışıyor ve pazar günleri istihbarat şefliği yapıyordu. Ali Gevgilili de serbest muhabirdi...

Kemal Abi (Kemal Aydar), ilk gün beni Necla Tümay'ın yanına verdi. 'Maarif sahası'nda başarılı olursam, Necla oradan alınıp siyasi muhabir yapılacak, ben de o zamanki Babıâli deyişiyle söylersem, asaleten 'Maarif'e bakacak'tım. Bir süre sonra hem Maarif'e, hem de işçi ve esnaf 'sahası'na bakmaya başladım. Maarif müdürlüğünü dolaşıp, akşamları müdürlüğün girişindeki büyük mermer masanın başında toplanarak haber değiş tokuşu yapılıncaya kadar sendikalara ve esnaf örgütlerine uğruyor, haber çıkarmaya çalışıyordum. Maarif muhabirleri işin kolayını bulmuşlardı: Her gün biri, nöbetleşe Milli Eğitim Müdürlüğü'ne geliyor, haberleri topladıktan sonra, akşamları öteki muhabirlere veriyordu. Maarif'te 'atlatma' haber yapanlara da pek iyi gözle bakılmamaktaydı...

Doğrusu ya, bu iş beni pek açmamıştı. Ben, maarif işleriyle, esnaf ve işçi meseleleriyle değil, siyasi meselelerle uğraşmayı, 'siyasi muhabir' olmayı istiyordum. Kemal Abi, zaman zaman beni deplasmana gönderiyordu: Mesut izinliyken Vilayet ve Belediye haberlerini izliyordum; Rahmi izinliyken Polis ve Adliye haberlerini... Vilayet ve Belediye muhabirleri arasındaki işbirliği, Maarif'teki gibi değildi; klikler vardı orada: Mesut Özdemir, *Yeni Sabah*'ın Vilayet ve Belediye muhabiri Kâzım Üzen'le ve *Milliyet*'ten Oğuz Öngen'le 'antant' çalışmaktaydı. Bu, *Yeni Sabah*'ta da, *Vatan*'da da, *Milliyet*'te de vilayete ve belediyeye ilişkin aynı haberlerin çıkıyor olması demekti... *Hürriyet*'te Hasan Bedreddin Ülgen tek başınaydı, kimseyle işbirliği yapmıyordu. Polis'te de durum farklı değildi elbet. Orada da tek başına çalışanlar vardı, *Milliyet*'ten Bedirhan Çınar, *Cumhuriyet*'ten Muzaffer Celasun, *Yeni İstanbul*'dan Ali Karakurt gibi... bunlar 'Polis sahası'nın eskileriydiler. Bizim gazeteden Rahmi Berksoy, *Hürriyet*'ten Aydoğan Önol'la (bazen de, *Havadis*'ten Hasan Pulur'la) işbirliği yapıyordu. Dolayısıyla, Vilayet'e ya da Polis'e baktığım günlerde tek yapacağım şey, Kâzım Üzen'i ya da Aydoğan Önol'u arayıp haberleri almaktan ibaretti...

Vilayet ve Belediye muhabirleri içinde en çok çekinilen, sanıyorum, *Tercüman* gazetesinin muhabiri Burhan Tekinliğ'di. Burhan'ın acar bir muhabir olmanın ötesinde, 'haber imal etme'(!) konusunda da büyük bir yeteneği vardı. Yazdığı bazı haberler, bugünün deyişi ile düpedüz 'asparagas' haberlerdi; ama o yıllarda, gazetecinin yalan haber yazmayacağı varsayımı o kadar köklü bir inanca dönüşmüştü ki, Burhan'ın argo deyişle 'kofti' haberlerinden dolayı belediye muhabirlerinin, o haberi 'atladıkları' için, istihbarat şefleriyle başlarının derde girdiğini biliyorum. Türk gazeteciliğine 'asparagas'ı, Haldun Simavi'nin yüreklendirmesiyle, *Günaydın*'da Rahmi Turan'ın ve daha sonra da *Tan* gazetelerinin getirdiği sanılır. Doğru değildir bu: *Günaydın*'dan ve *Tan*'dan çok önce, 1950'li yılların ortalarından başlayarak, *Tercüman* gazetesi, uydurma haber imal etme işini maharetle yürütmekteydi. Yalnız Burhan mı, değil elbette! *Tercüman*'daki haberlerin her gün bir bölüğü, 'asparagas' haberlerden oluşuyordu. Hele, İzmit Körfezi'nde, Değirmendere açığında fırtınadan batan gemiyle ilgili gelişmeleri, '*Tercüman*' adına takip eden Uğur Reyhan'ın haberlerini gördükçe...

Bu korkunç kazada gemi, okuldan İzmit'e dönen öğrencileri taşımaktaydı ve ölenlerden çoğu ortaokul ve lise öğrencisi çocuklardı. *Vatan* adına Mesut Özdemir'in başkanlığında benden ve Güngör Ençer'den oluşan bir ekip İzmit'e gitmiştik. (Bir keresinde, gazetede, 'Vatan Ekibi' yerine 'Yatan Ekibi bildiriyor,' diye çıkmış, arkadaşların maskarası olmuştuk!) Öteki gazetelerin muhabirleriyle birlikte kaldığımız otelin tek telefonundan şehirlerarası santrala gazetenin numarasını yazdırıyor, sıramız gelince, o günün haberlerini bağıra çağıra İstanbul'daki görevli arkadaşlarımıza bildiriyorduk. Sıranın bize gelmesi, bazen üç, hatta dört saati bile buluyordu. *Vatan*'ın gece servisinde çok sevdiğimiz bir ağabeyimiz, mekânı cennet olsun, Kadri Tuğcu, telefonla bildirilen haberleri alıp daktiloyla yazma işiyle görevliydi. Kadri Ağabey, kulaklıklarını takar, başta Ankara ve İzmir'den bildirilen haberleri, ara sıra karşısındakine tekrar ettirerek, yazardı...

'Değirmendere' kazasının üzerinden bir hafta geçmişti ve kurtarma ekipleri, hâlâ denizden çocuk cesetleri toplamaktaydılar. Her gün, Denizcilik Bankası'nın o gün kaç ceset çıkarıldığına dair resmi açıklamalar yapılıyor, biz de o açıklamaları, öteki haberlerimizle birlikte İstanbul'a geçiyorduk.

Hiç unutur muyum? O günkü resmi açıklamada, denizden ceset çıkarılmadığı bildirilmişti ve bizler bu haberi bütün masumiyetimizle İstanbul'a iletmiştik. Ertesi sabah, otelin resepsiyonunda görevli çocuk odamın kapısını çaldı: Beni İstanbul'dan, gazeteden arıyorlardı!

Aşağı indim ve uyku sersemi, 'Kim arıyor?' diye sordum. Kemal Abi'nin (Aydar) sesiyle toparlanıp kendime geldim: 'Ne o ulan? Uyuyor musunuz orada!' diye bas bas bağırıyordu...

Kemal Abi, iyice gamatoyu bastıktan sonra biraz sakinleşmişti ki, o arada meselenin ne olduğunu öğrendim: Bizim gazete ve öteki bütün gazeteler, 'Ceset yok!' diye manşet atmışken, *Tercüman* sekiz sütun üzerinden, Uğur Reyhan imzalı bir haberi manşete çıkarmıştı: *Tercüman*'ın haberinde, o gün denizin yüzeyinde çok sayıda ceset görüldüğü, ama cesetlerin, arama ekipleri gelmeden tekrar suya gömüldükleri bildirilmekteydi. Reyhan'ın haberine göre, denizin dip akıntıları dolayısıyla suyun yüzüne çıkmıştı cesetler, ama görünmeleriyle kaybolmaları bir olmuştu!!!

Kemal Abi'ye haberin uydurma olduğunu anlatmaya çalıştımsa da, nafile! Kemal Aydar, bir gazetecinin 'yalan haber' yazmasının mümkün olmadığına inananlardandı. Hikâye ya da roman yazarı ile gazeteci arasındaki fark buradaydı ona göre: Gazeteci gerçekliği yazardı, romancıysa kurmaca olanı!

Muhabirin aklından geçenleri gerçeklikmiş gibi sunmasının tarihöncesi budur. Bu olay, daha sonra, muhabirin kendisine söyleneni değil, söylenmesini istediği, ama söylenmemiş sözleri, söylenmiş gibi yazmasının da tarihöncesidir. Oğuz Atay'ın dilimize kazandırdığı o güzel deyişle, gazetelerin 'mış gibi' yapmaları, okurun bilmek değil, ama işitmek istediğinin ne olduğuna, muhabirin ya da yazı işleri sekreterlerinin, kendilerini okuyucunun yerine koyarak karar vermeleri ile başlamıştır. Bana kızmasınlar sakın, ama Burhan Tekinliğ'dir, Uğur Reyhan'dır 'asparagas'ı başlatan...

XV

Nasıl oldu, hatırlamıyorum şimdi, ama Kemal Aydar beni ve gazeteciliğimin ikinci yılında '*Son Posta*'dan *Vatan*'a transfer edilen Alaattin Kutlu'yu siyasi muhabir olarak görevlendirdi: O gün, gazetecilik hayatımda başımın göğe erdiği gündür! Ben Cumhuriyet Halk Partisi'ne bakacaktım; Alaattin Demokrat Parti'ye ve Osman Bölükbaşı'nın Cumhuriyetçi Millet Partisi'ne... Bu görev bölümünden Alaattin'in memnun olduğunu hiç sanmam: Çünkü, asıl manşete çıkan haberler, CHP'den yana sert bir muhalefet yapan *Vatan* gazetesinde, elbette CHP haberleri olacaktı. Bunun anlamı, benim yazacağım haberlerin daha sıklıkla manşete taşınması, dolayısıyla da, manşette benim imzamın daha çok görünecek olmasıydı...

1957 seçimlerinden sonra, Demokrat Parti'den 'İspat Hakkı' dolayısıyla ayrılan bir grup milletvekilinin Fevzi Lütfi Karaosmanoğlu'nun başkanlığında Hürriyet Partisi'ni kurmaları, muhalefetin gücünü ve etkinliğini arttırmıştı. D.P.'nin iyice örselendiği düşünülüyor ve bir 'güçbirliği' yapılması zorunluluğu öne çıkıyordu. 1958 yılında Türkiye'de siyaset adamakıllı kızışmıştı. İsmet İnönü'nün 31 Mayıs 1958 günü İstanbul'da CHP Eminönü İlçe

Kongresi'nde yaptığı konuşmaya 'neşir yasağı' ('yayın yasağı') konulunca, Paşa'nın ertesi gün İl Merkezi'nde bir basın toplantısı yapacağı duyuruldu.

O günü unutmam kesinlikle söz konusu değil. İsmet Paşa'nın basın toplantısında hemen yanında oturuyordum ve olup bitenleri tepeden tırnağa dikkat kesilerek izlemekteydim.

Paşa, basın toplantısına başladıktan kısa bir süre sonra, aşağıdan birtakım sesler duyuldu:

Biraz sonra da, basın toplantısının yapıldığı salonun kapısı açıldı, içeriye İstanbul Valisi Ethem Yetkiner girdi. Paşa hiçbir şey olmamış gibi, konuşmasını sürdürüyordu ki, Yetkiner,

– Paşam, diye seslendi. Paşa'nın cevap vermediğini görünce de,

– Paşam, lütfen beni dinler misiniz, dedi, sertçe.

Valinin üstelemesi üzerine İsmet Paşa durdu ve Kasım Gülek'e dönerek:

– Kim bu adam, diye sordu.

Kasım Gülek, ki o sırada CHP Genel Sekreteriydi, sanki tanımıyormuş gibi Yetkiner'e,

– Kimsiniz siz, dedi.

Yetkiner, bu soruyu,

– Ben İstanbul Valisiyim, diye cevapladı. Gülek, İsmet Paşa'ya,

– İstanbul Valisiyim diyor, Paşam, dedi.

Salondaki gazeteciler ve partililer kahkahayla gülmeye başladılar. Yetkiner, kıpkırmızı olmuştu.

Paşa, yine Kasım Gülek'e döndü:

– Ne istiyormuş?

İnönü, valiyi düpedüz adam yerine koymadığını göstermek istiyordu.

Gülek, Yetkiner'e aynı soruyu sordu:

– Ne istiyorsunuz?

Vali Yetkiner'in, hemen arkasında Emniyet Müdürü Cemal Tarlan duruyordu, kekeleyerek,

– Paşam, dedi. Hükümet, muhterem Reisicumhur Hazretlerinin riyasetinde Vilayet Binası'nda toplantı halinde. Başvekilimiz zât-ı devletlerinden bu basın toplantısını yapmamanızı istiyor...

İnönü ne diyecek, diye yüzüne baktım. Paşa'yı hiç bu kadar öfkeli görmemiştim.

Parmağını valiye doğru uzatarak,

– Def ol, dedi.

Yetkiner sapsarı olmuştu, tombul gövdesi sendeledi, yığılıp kalacak, diye korktum, hiçbir şey demeden, süklüm püklüm salondan çıktı. Cemal Tarlan da onu izliyordu.

İktidarla muhalefet arasında artık hiçbir diyalog imkânı kalmamıştı. Demokrat Parti, özellikle CHP'ye ve muhalefeti destekleyen basına karşı, 'neşir yasakları'ndan tutuklamalara varan şiddetli polisiye önlemler uyguluyordu. 1959 yılında İsmet İnönü'nün Uşak gezisinde, Paşa'nın başına taş atıldığında ben orada, İsmet Paşa'nın hemen yanı başındaydım. Ertesi gün Manisa üzerinden İzmir'e gidildiğinde, D.P.'lilerin CHP'yi destekleyen ve ne yalan söylemeli, en gözü pek muhalefeti yapan *Demokrat İzmir* gazetesinin binasına saldırdıklarını, makineleri tahrip ettiklerini öğrenecektik. İstanbul'dan da dehşetengiz ve karanlık haberler alınmaktaydı: D.P.'liler, uçakla İzmir'den İstanbul'a gelecek olan İsmet Paşa'yı Topkapı'da kıstıracaklar ve canına kastedeceklerdi. O telaş içinde art arda gelen haberleri İstanbul'a geçmek için telefon bekleyip oraya buraya koşuştururken, havaalanında İstanbul uçağını bekleyen İsmet Paşa, eliyle işaret ederek beni yanına çağırdı. Yanına varır varmaz da, eliyle yanağımı alttan yukarı doğru sıvazladı. (Daha sonra, bunun, askerin baştan savma tıraş olup olmadığını anlamak için, komutanlarca uygulanan bir yöntem olduğunu öğrenecektim.)

– Bu ne sakal! Niçin tıraş olmadın, dedi, sertçe ve azarlar gibi.

Benimse gerçekten canım burnumdaydı. Haber atlamamak ve haber yetiştirmek için canımı dişime takıp çalışmaktan tıraş olmaya vakit mi bulabilmiştim? Yorgunluktan ve yaşanan gerilimden iflahım kesilmişti, bir de tıraş olmayı mı düşünecektim? İsmet Paşa'ya 'Paşam,' dedim, gücenik, ama mağrur bir sesle, 'günlerdir yaşanandan sonra, tıraş olmayı düşünmek, bana biraz absürd geliyor...' Bununla, aklım sıra, yaptığım işin ne kadar önemli olduğunu ima etmek istiyordum.

İsmet Paşa güldü:

– Ben, dedi. Büyük Taarruz sabahı tıraş olmuştum...

Hayatımda hiç bu kadar aşağılanmış hissetmediğimi itiraf etmeliyim. Kendini beğenmiş yeniyetme bir muhabire, Baki Efendi'nin deyişiyle, 'hem zarifane hem levendane' bir biçimde haddini bildirmişti İsmet Paşa...

'Yer yarılsa da içine girsem!' diyordum, içimden...

OKUMA PARÇASI: VII

BİRİNCİ BÖLÜM

Kahverengi boyası solmuş olmasına rağmen, ince ve zarif biçimli kabartmalarıyla hâlâ gösterişli bahçe kapısındaki çıngırağın sesi, gecenin içinde titrek ve tozlu bir dağılganlıkla yankılandı. "Bu gece de geç kaldım," diye düşündü. Sonra da hüzünlü bir gülümsemeyle sokağa, asfaltın iki yanındaki ıhlamur ağaçlarına baktı. Ihlamur ağaçlarının kalın sevimliliği, sokağı yarı yarıya aydınlatan fenerlerin çelimsiz ve eğri görüntüsüne karışıyor ve kendi yorgun gölgesini de kapsayarak ötelere uzuyordu. İçini çekti.

Bahçenin içlerindeki küçük evin pencerelerinden birinde ansızın bir ışık yandı. Işığın birdenbireliğini fark etmekten biraz şaşkın, gülümsedi yeniden. "Bu babam olmalı." Annesiyse çünkü, geceleri elektriği yakmaz, hep idare lambasını kullanırdı. "Bir türlü alışmadı," diye düşündü. Eski zamanın gümüş ipliklerle örülmüş sevimli ve duyarlı geleneklerine bağlıydı annesi. Taşra ilçelerindeki karartma gecelerinden kalma bir alışkanlık da sayılabilirdi ya neyse. Eve elektrik almak istedikleri zaman pörsük bir direnmeyle hayırlamıştı. İdare lambasının kaba işlemeli çiçek resimleriydi annesi. Lambasını hiçbir zaman bırakmamıştı. Onun ilkgençlik anılarının silinmez, koparılmaz bir ortağıydı, sırdaşı da denebilirdi.

Işık söndü birdenbire. Kapı ihtiyar bir gıcırtıyla açıldı. Kirli çakıl döşeli yolun iki tarafındaki çiçek tarlalarının ortasında durup bekledi yeniden. Yüzündeki gülümsemeyi yenileyip bekledi. Biraz önce büyük ve kesin ışığın biçimlediği pencerede titrek başka bir ışık –idare lambasının ışığı– vardı. "Babam neden uyandı acaba? Yine bir şey mi var?" Ansızın aklından babasının hastalığı, o onulmaz hastalığı geçti. Aylardır, büyük bir beyazlıktı babası. Onu hep, beyaz patiska örtülerin düz kımıltısızlığında görüyordu. Düz beyaz pikelerin, beyaz patiska yatak örtülerinin ve yastık kılıflarının beyazlığından usanmıştı. Odanın duvarları da beyazdı. Babasının yanına girince, kendini, uçsuz bucaksız ve karlarla kaplı bir bozkırda sanıyordu. Korkuluydu bu. Annesinin, o beyaz boyalı –karyolanın demirleri de beyazdı– karyolanın başucunda durgun ve kederli bir aklıkla odaya yakışan yüzü de, hastalık bozkırını tamamlıyordu. "Acaba yine kötüledi mi?" diye düşünüp titredi.

Çakılların üzerinden hırçınlıkla yürüdü. Yayvan iki basamak merdiveni çıkıp evin kapısına gelince, belli belirsiz soludu. Kapı sanki bu soluğu bekliyormuşçasına açıldı. Karanlıkta kederli aklığı iyice seçilen ince ve yivlenmiş kadın yüzü belirdi. Elindeki hafifçe kısılmış idare lambasının ışığında, kadının yüzündeki derin çizgilerin girintileri kımıldayıp anlamsız bir donukluk edindiler. Annesinin yüzüne dikkatle ve sorgulu sorgulu baktı. Kadın uyku arası iç çekmeleri gibisine, belirsizce, "Neyin var?" diye sordu. Oysaki babası... "Babam iyi herhalde," diye düşündü. Sonra yüksek sesle, "Bir şeyim yok anne," dedi.

Sofadaki büyük duvar saati bir kere vurdu. "Acaba saat kaç?" Yarım mı, bir mi, bir buçuk mu? Yarım saatlerde de bir kere vurduğu için, gecenin bu bölümünü bir türlü kesinlikle öğrenemeyeceğini düşündü birden. Kaygısızca omuzlarını silkip bir sandalyeye çöktü. Ayakkabıları müziç bir atsineği halinde ayaklarını sıkıyordu. Bağlarını çözmeden çıkarmaya çalıştı. "Galiba gittikçe tembelleşiyorum." Annesi kapıyı kapatıp idare lambasını masanın üstüne bıraktı. Gölgelerin salıncakları ipliklerini gerdiler lambanın güçsüz sallantısında. Işık titredi, salıncaklar birbirine karıştı. Rüzgâr. "Rüzgâr," diye mırıldandı. İçerden bir inilti yükseldi. Babasıydı. "Bir şey mi istediniz baba?" "Pencereyi kapat yatmadan." Sandalyenin üzerinde deminden beri biçimini hiç değiştirmeden öylece çaprazlama oturup kaldığını fark etti. Hemen ayağını indirip toparlandı: "Peki baba."

Sallanarak odasına girdi. Burası bir sığınaktı onun için. Önce pencereyi, sonra da odanın kapısını kapattı. Yatağın üstüne oturdu. Sigara içmek istedi birden. Bir karşı durulmaz özlemle el yordamıyla ceplerinde kibrit kutusunu aradı. Boştu kutu. Ayaklarının ucuna basarak, sanki gölgelerin salıncağını oynatmaktan korkuyordu, sofaya çıktı. İdare lambası masanın üstünde, oraya-buraya dikkatsiz bir ihmalcilikle fırlatılmış gazetelerin yanında, öylece duruyordu. O soluk aydınlıkta vazoyu, içindeki leylakları seçti. Gülümsedi. Sabahleyin evden çıkmadan önce leylakların suyunu yenilemişti. Ağzında sigarayla idare lambasına yaklaştı. Sigarayı lambanın üst boğumuna tutup hızla iki nefes çekti. Lambanın alevi uzayıp inceldi camın tepesine doğru. Gölgeler yerlerinden kımıldayıp, karıştılar, boşlukta belirsiz salıntılarla. Dumanı hazla içine çekti. Öksürdü ansızın, "Hay Allah kahretsin!" Öteki odada karyola gıcırdadı. İniltili. "Ne oldu?" Babasıydı. Ten sıcaklığında şefkatli ve dokunaklıydı sesi. Odanın aralık kapısından karyolanın yarısı ve demirlerin arasından dışarı çıkmış bir çift zayıf ayak bileği gördü. Ayak bileklerine doğru, içtenlikle baktı, "Bir şey yok baba," diye tekrarladı.

Odaya döndüğü zaman ayakkabılarını çıkartmaya kararlıydı. Yatağın üzerine oturup hırçın bir acelecilikle bağlarını çözmeden çıkardı. Ayakkabılar, tahta döşemenin üzerine takırtılı bir gürültüyle düştüler. Giysileriyle yatağa uzandı. "Oh!.." Gökyüzünü fark etti birdenbire. Yatağın ayakucundan kitaplığı, onun arkasından da gökyüzünü. Lacivert bir yaz gecesi gökyüzüydü. Durgun bir laciverflikle buruşuksuz bir kumaş gibi yayılmıştı. Yıldız ışıkları gökyüzünün gergefinde, bir aydınlığı dokuyorlardı. Bir süre, gökyüzüne hiç kıpırdamadan öylece baktı dizkapakları sızlayıncaya kadar. İnce bir burgu. Dizkapaklarının tahtasına sonsuz dönüşlerle işleyen sivri bir burguydu yorgunluk. Doğrulup giysilerini çıkarmayı denedi. Kravatının düğümünü bozmadan çıkarıp masanın üstüne fırlattı. Çorapları terli bir yapışkanlıkla nemliydiler. "Sıcak," diye düşündü. Ayağa kalkıp gömleğini, pantolonunu soyundu. Kitaplığın üstündeki limon kolonyası şişesinden avuçlarına alıp boynuna, göğsüne ve şakaklarına sürdü. Müphem bir serinlik yüzünü yaladı.

Yatağın düş doğuran bereketli kabarıklığında döndü. Geceleri belleğinin büyük ceviz sandığında anılarla dantellenmiş sayısız görüntüyü çıkaran, o bildik eli, sessizliğin elini bekledi. Güçlüydü belleği. En küçük ayrıntılara varıncaya dek, her şeyi saklayabilen büyük bir ceviz sandıktı o. Çoğu kez, hiç umulmadık bir sessizliğin içinde, bir anı, o ceviz sandığın bilinmeyen bir köşesinden çıkıyordu. Anılarını naftalinleyip titizlikle yerleştirmişti sandığa. O yüzden sessizliği tutuyor, yatağına girince, sandığın açılmasını bekliyordu. Tafracı ve kendini beğenmiş günlük kaygıların yerini, anılarla gelişen düşler, uysal düşler alıyordu. Düşleri uysaldı. Dilediği biçime sokulabiliyorlardı en güzeli. Ama o, soylu bir biçimde geliştiriyordu düşlerini. Engin'in ona hep, "Sen soylu bir düş kurucusun," demesi bundandı. "Kimse benim kadar seçkin bir hayalci olamaz," diye düşündü. Belki de bir cılız avuntuydu bu. Ama ne olursa olsun doğruydu. Yatakta dönüp ellerini başının altına koydu. Gökyüzüne baktı yeniden. Gökyüzü yorgunların harcı değildi galiba. Bunu düşününce sesli sesli güldü. Sonra da bu gülüşünden utandı. "Babam hasta. Ben gülüyorum." Bu kere yüzükoyun döndü yatakta, ellerini yastığın altına soktu. Yastığın yuvarlak köşeleri ten sıcaklığında, garip ve dürtükleyici bir şeyler hayal ettirirdi ona hep. Ayaklarını hazla yatağa sürttü. Sonra öylece kaldı.

(1959'da başlanmış, yarıda bırakılmış, yayımlanmamış bir romandan)

XVI

1959 yılı, Türkiye'de iktidar ile muhalefet arasındaki ilişkilerin şirazesinden çıktığı yıldır. O yılın mayıs ve ekim ayları arasında yaşananlar, benim ilkgençlik belleğime derinden işlemiştir. İsmet Paşa'nın Kayseri'ye giderken, trenin Himmetdede İstasyonu'nda durdurularak Kayseri'ye sokulmaması; Geyikli'de Kasım Gülek'in D.P.'lilerin saldırısına uğraması ve bu olayı incelemek üzere oraya giden iki CHP milletvekilinin (İbrahim Saffet Omay ve Daniş Yurdakul) Çanakkale'den dönüşlerinde Galata Rıhtımı'nda yaşananlar... Türk demokrasi tarihinin yüz karası olaylar...

Bu sonuncusu beni doğrudan ve kişisel bağlamda ilgilendirmekteydi. Çünkü ilk kez tutuklanıp cezaevine düşmeyi, *Rıhtım Olayları* diye bilinen bu olaylar sırasında yaşayacaktım.

CHP milletvekillerini Çanakkale'den getiren gemi Galata Rıhtımı'na yanaştığında, kızılca kıyamet koptu. CHP'liler ve özellikle de gençlik kolları, CHP heyeti için gösterişli bir karşılama töreni yapacaklarını açıklamışlardı o gün ve İstanbul Valiliği (Ethem Yetkiner'di vali), böyle bir karşılamaya kalkışırlarsa, mahut 'Toplantı ve Gösteri Yürüyüşleri Kanunu'nu uygulayacağını bildirmişti. Rıhtım, resmi ve sivil polislerle doluydu. Ben gazeteden olayları izleyip haber yapmak üzere görevlendirilmiştim. *Cumhuriyet*'ten Egemen Bostancı da oradaydı, *Ulus*'un İstanbul Temsilcisi Ayhan Yetkiner de... Polisleri, 1. Şube Müdürü Yaşar Yiğit 'bizzat' yönetmekteydi. Baktım: İktidara yakın olduğunu bildiğim bazı polisler de oradaydılar. Bumin Yamanoğlu'nu gördüm. Yamanoğlu'nun orada bulunuşu hiç de hayra alâmet değildi: CHP kongrelerinde özellikle 'hükümet komiseri' olarak görevlendiriliyor, görevli olduğu her kongrede de 'hadise' çıkarıyordu. Ya, yaz günlerinin bunaltıcı sıcaklarında kongrenin yapıldığı salonun pencerelerinin açılmasına izin vermiyor ya da akla hayale gelmedik zorbalıklara başvurarak CHP'lileri çileden çıkarıyordu. Biz de gazeteciler olarak, 'iktidarın uşağı' diye nitelendirdiğimiz Bumin Yamanoğlu için çok ağır şeyler yazıyorduk. Bumin'in 'muhalif' gazetelerin bu haberleri yazan muhabirlerine, özellikle de bana diş bilediğinin ayırdındaydım elbette...

Yaşar Yiğit ve Bumin Yamanoğlu'nun Galata Rıhtımı'nda bir provokasyona girişecekleri ve bu arada bazı CHP'lileri gözaltına almayı amaçladıkları o kadar belliydi ki! Bir süre sonra ortalık karışıp da, fırsat bu fırsattır diyerek Egemen Bostancı'yı 'Toplantı ve Gösteri Yürüyüşleri Kanunu'nu ihlal ettiği gerekçesiyle, yaka paça karakola götürmek isteyen Yaşar Yiğit'in denize düşmesi, Galata Rıhtımı'ndaki curcunayı daha da artırdı. CHP'lilerle polisler sille tokat birbirlerine girmişlerdi. Polisler, yakaladıkları CHP'lileri Galata Emniyet Amirliği'ne götürüyorlardı.

Bu arada, Egemen Bostancı'nın nezarete alındığını duyduk. Ayhan Yetkiner'le birlikte, Rıhtım' daki kör dövüşünün içinden güçbela sıyrılarak Emniyet Amirliği'ne gittik. Egemen'i niçin 'içeri aldıklarını' soracak, *Cumhuriyet*'e telefon edip, Egemen'in gözaltında bulunduğunu bildirecektik.

Emniyet Amirliği'nin merdivenlerinde Bumin Yamanoğlu duruyordu. Benim daha, 'Egemen'i niye aldınız?' diye sormama fırsat vermeden, 'Ooo, sen de ayağınla tıpış tıpış geldin demek!' diyerek kolumdan tuttu ve sürükleyerek içeri çekti; direndimse de boşunaydı. Bumin Yamanoğlu beni bir odaya itip kapıyı arkamdan hızla kapayıp kilitledi. Çevreme baktım. Egemen Bostancı oradaydı, Nurettin Sözen oradaydı, CHP Şişli İlçe Başkanı avukat Oğuz Oran oradaydı. Nurettin, o yıllarda Tıp Fakültesi'nde okuyordu ve CHP gençlik kollarının etkin üyelerinden biriydi...

Egemen'i, Nurettin'i, Oğuz Oran'ı tanıyordum, ama tanımadığım daha birçokları vardı o odada. Beklemeye başladık...

Gece yarısını geçiyordu ki, kapı açıldı: Adliye'ye götürülecektik...

XVII

O gece, saat sabaha karşı 03.00'e doğru sorgulanma işlemlerimiz tamamlandıktan sonra, nöbetçi yargıç tarafından tutuklandık. Polis otobüsü bizi (16 kişiydik tutuklanan) Sultanahmet Ceza ve Tevkif Evi'ne bıraktığında neredeyse sabah oluyordu...

Hani derler ya, her şey yıldırım hızıyla olup bitti, diye! Gerçekten de öyle oldu. Cezaevi'nde kaydımız yapıldıktan sonra hepimiz birden karantina koğuşuna götürüldük. Cezaevi kuralları böyleydi: Bulaşıcı bir hastalık mikrobu taşımadığımız anlaşılıncaya kadar (bu süre, bir haftaydı) karantina koğuşunda kalacaktık.

Karantina koğuşunun meydancısı Ali Dayı'ya teslim edildiğimizde, onun kim olduğunu bilmiyorduk, ama 16 kişinin (elbette bir de Ali Dayı'nın) tıkış tıkış doluştuğu o hücremsi karantina koğuşunda, kimliğini dehşetle öğrendik. Ali Dayı, Adanalı'ydı ve tam yedi 'leşi' vardı!

Karantina hücresinde (artık ona 'koğuş' dememiz pek mümkün değildi!) dört ranza bulunuyordu. Ranzalardan biri Ali Dayı'ya aitti elbet! Geri kalan üç ranzada 16 kişi yatacaktık: Bu durumda iki ranzaya beşer, bir ranzaya da altı kişi düşmekteydi!..

O gece, karantina raconunu öğrendik. Az daha pahalıya mal oluyordu bu. Karantinanın tek ve mutlak hâkimi, meydancıydı. Bu, her şeyin Ali Dayı'dan soruluyor olması demekti. İkincisi, mahkûmlarla şakalaşmak son derece tehlikeliydi. Nitekim, sabaha karşı, Egemen, Nurettin ve iki arkadaşla paylaştığımız ranzada, hem yorgunluktan, hem de olup bitenlerden dolayı iyice sersemlemişken, Egemen'in Ali Dayı'nın anlattığı bir 'leş' hikâyesine, şaka yollu,

– Sen de az ananın... değilmişsin be Ali Dayı... deyişi, az daha Ali Dayı'nın 'leş'lerine, bir de Egemen'in eklenmesine neden olacaktı. Ali Dayı,

– Sen ne diyon lan, diye ranzadan aşağı atlamış, elinde birdenbire parlayan koca bir saldırmayla Egemen'in üzerine yürümüştü. Hepimizde şafak attığını söylemeye herhalde gerek yok! Güçbela Ali Dayı'yı yatıştırmaya çalışmış, Egemen'in 'kafadan kontak' olduğunu, aklı sıra şaka yapmaya kalkıştığını, bu 'eşek şakası'ndan dolayı hemen af dileyeceğini, aslında, onun, Kasım Gülek'e (Gülek, Adanalı'ydı ve Ali Dayı, Cezaevi'ne 'siyasi' olarak girdiğimizi öğrenince Kasım Gülek'i hemşehrilik ve delikanlılık gerekçesiyle 'çok sevdiğini' söylemişti!) 'oğlu' kadar yakın olduğunu anlatmıştık. Daha ne diller döktük, bilmiyorum! Sonunda, burnundan solumakta olan Ali Dayı'yı teskin edebildik. Yoksa, hali dumandı Egemen'in...

Ben cezaevinde bir hafta kaldım. Bu bir hafta içinde, şimdi bile gülerek hatırladığım, CHP Kadınlar Kolu'ndan Muazzez Abla'nın (Muazzez Doğan), o sırada Sultanahmet Cezaevi'nde yatmakta olan 'Berbat' Süleyman'a, Egemen, Nurettin ve benim için, 'Bu gençler yakınımızdır. Onlara göz kulak olasın!' diye gönderdikleri mektuptur. 'Berbat' Süleyman, 1950'li yılların Türkiye'sinde, işlediği cinayetlerle ünlü, gözü kanlı bir katildi. Muazzez Abla'nın 'Berbat'ı nereden tanıdığını bilmiyorum. Ancak, o mektupta Muazzez Abla'yla birlikte eşi Süha

Doğan'ın da imzası vardı. Süha Doğan, sinemacıydı ve CHP'nin önde gelen milletvekillerinden Avni Doğan'ın oğluydu...

Bu mektup 'Berbat'a ulaştırılır ulaştırılmaz, onun kalkıp karantinaya geldiğini ve 'mapusluk vaziyetimiz' devam eder de, karantinadan koğuşa çıkarsak, onun koruması altında olacağımızı söylediğini de hatırlıyorum. Koruma çok önemliydi ve biz, cezaevlerinde kabadayılardan bir arkadaşımızın olmasının ne demeye geldiğini de öğreniyorduk böylece...

XVIII

1955'ten başlayarak İstanbul'un yüzü değişmeye koyuldu. Başbakan Adnan Menderes, 'İstanbul'un İmarı' meselesini 'bizzat' ele almıştı: Koca kent, harıl harıl işleyen devâsâ bir şantiye gibiydi. Yenikapı-Florya sahil yolu açılıyor; Beyazıt Meydanı yeniden düzenleniyor, Beyazıt-Aksaray yolu genişletiliyor, Barbaros Bulvarı'yla Beşiktaş Gayrettepe'ye bağlanıyordu. Kuşkusuz beni en çok etkileyen, Yenikapı'daki sahil kahvelerinin yıkılması ve Saraçhanebaşı'nın yeniden düzenlenmesi oldu. Babamın çok sevdiği Mimar Ayas Ağa Mescidi (Ayas Ağa, Fatih Sultan Mehmed'in mimarıdır ve bu mescit, İstanbul'daki en eski İslami dinsel mekânlardan biriydi) yıkıldı; – hem de, Vakıflar Genel Müdürü Orhan Çaplı'nın, 'Mescidi yıkmayacağız, başka bir yere nakledeceğiz!' diye kamuoyu önünde yaptığı açıklamaya rağmen! Mescidin tam karşındaki fırın ve onun yanında, bizim Fatih'li çocukların 'Ammo Asker'in Kahvesi' diye bildikleri kahve! 'Bizim çocuklar' derken, İslam Çupi'yi (onu kim tanımaz), basketbolcu 'Baba' Yavuz'u, gazeteci Mehmet Abi'nin oğlu Hakkı'yı... kastediyorum. (Bu ekiple, 1955-1956 yıllarında 'Ammo Asker'in kahvesinde sıkı 'Blum' partileri yapardık!) Gazeteci Mehmet Abi, tam da o fırının önünde kurardı tezgâhını. 40. İlkokul'da okurken *Çocuk Gözü*'nü, *Çocuk Hafta-*

sı'nı, *1001 Roman*'ları, *1001 Özel*'leri; 1951'den sonra da, lise öğrencisiyken, başta *Varlık*, *Yeditepe*, *Kaynak* (Ankara'da yayımlanıyordu ve özellikle genç entelektüeller arasında saygınlığı olan bir dergiydi. 'Sol'daydı elbet! Attilâ İlhan, Fethi Naci, çoğunlukla *Kaynak*'ta yazarlardı), *Seçilmiş Hikâyeler* dergilerini Mehmet Abi'den alırdım. Fırın yıkılınca, (şimdi o fırınla 'Ammo Asker'in kahvesinin bulunduğu yerin biraz gerisinde, Hüseyin Gezer'in, Bedrettin Dalan döneminde yaptığı Fatih heykeli var!) Mehmet Abi, Fatih Parkı'nın yanına bir kulübe koydurup, gazete satışına orada devam etti. İlerde, Şehzadebaşı'nda da yıkımlar olanca hızıyla sürüyordu. Yol, şimdi Belediye Sarayı'nın bulunduğu yerden başlayarak, o doğrultuda genişletilmekteydi. Şehzadebaşı Camii'nin karşısındaki dükkânlar yıkılmıştı. Vezneciler, harıl harıl kazılıyordu. Şehir yazın toz toprak, kışınsa diz boyu çamur içindeydi. Adnan Menderes, sanki Başbakan değil de, İstanbul Belediye Başkanı gibi çalışıyordu. Yıkımları, onun planladığı söyleniyordu. 'Şurasını yıkın, burasını yıkın!' diye buyruklar verdiği, İ. T.Ü.'nün şehir planlaması profesörlerinin Menderes'in önünde ellerini ovuşturup,

– Beyefendi, üç ayda şehirciliği bize öğretecek duruma geldiniz, diye dalkavukluk ettikleri konusunda tanıklıklar vardı.

Adnan Menderes, 1958'de kendini adamakıllı İstanbul'un imarına kaptırmıştı. Bu, neredeyse vahim bir obsesyona dönüşmüştü onda. İki günde bir İstanbul'a geliyor, 073 plakalı siyah Cadillac arabasıyla, sabahtan akşamlara kadar 'imar sahalarını teftiş' ediyordu. *Vatan*'da çalıştığım yıllarda, istihbarat şefimiz Kemal Aydar, ara sıra, Başbakan'ın İstanbul'daki faaliyetlerini takip görevini bana verdiği için çok iyi anımsıyorum: Akşamüzeri, Parkotel'e telefon ediyor (Adnan Menderes, İstanbul'a gelişinde Parkotel'de kalırdı) ve 'özel kalem'i istiyordum. Başbakan'ın Özel Kalem Müdürü Muzaffer Ersü'ydü; ama Muzaffer Bey, gazetecilere 'muhatap' olmayı, Özel Kalem Müdür Muavini Şefik Fenmen'e bırakmıştı. Şefik Bey, bir hariciyeciye yakışan zarif üslubuyla, 'Beyefendi'nin (Menderes, 'beyefendi' diye anılmaktaydı) hangi 'imar sahalarını teftiş ettiklerini' bildiriyordu bize. 'Beyefendi'nin başka herhangi bir temasları, kabulleri, direktifleri' olmuş muydu? Şefik Bey, genellikle, 'Hayır, olmadı!' diyordu. O yılların gazetelerinde sık sık hep aynı standart biçimiyle yer aldığı için, değeri 'birinci sayfadan tek sütun'a düşen 'Menderes dün de imar sahalarını gezdi' başlıklı haberlerin 'anlam ve önemi' buydu!

XIX

İstanbul'un özellikle İstanbul yakasındaki sinemalarını anlatmalıyım. Pera ve Beyoğlu sinemaları çokça geçer anılarda. Sanki, İstanbul'da sadece Beyoğlu'nda sinemalar varmış gibi! Oysa, Fatih'te, Beyazıt'ta, Çarşıkapı'da, Çemberlitaş'ta ve Sultanahmet'te ne güzel, ne alımlı sinemalar vardı! Fatih'te, eski Direklerarası geleneğinin bir devamı olarak Şehzadebaşı, bir eğlence mekânı konumunu koruyordu 1950'li yıllarda. Vezneciler'den gelirken, solda, müzik aletleri ve notalar satan dükkânlarla, üniversite kitapları satan kitapçılar sıralanmıştı ve henüz Vezneciler yeraltı geçidi açılmadığı için, anacadde üzerindeydiler. İskender Kutmanî'nin müzik mağazası ve Zeynel Abidin Cümbüş Evi oradaydı. Fatih ya da Edirnekapı'ya giden tramvaylar Beyazıt Meydanı'nda havuzun çevresinden Vezneciler'e yöneldiğinde, soldaki bu dükkânların önünden geçerek kıvrılır, sağ yanda bulunan bir bayan berberinin önünden geçerek (Bu berber dükkânı hâlâ aklımdadır: Nedenine gelince, berberin tabelasında, Almanca *Damen Friseur* yazılı olmasıydı. O yıllarda özellikle Fatih'te, yabancı dillerde yazılmış dükkân adlarına ya da yabancı dillerde ilanlara rastlamak pek mümkün değildi ve tramvayla her geçişimde, berberin tabelasında niçin *Damen Friseur* yazdırdığını düşünmüşümdür. Sonunda, bir arkadaşım, Canip Güldüren çözdü bu sorunumu: 'Statü,' demişti Canip, 'statü! Çünkü, *Damen Friseur* yazınca, berberlik eğitimini Almanya'da almış olduğu intibaını vermek istiyor da ondan...') Vezneciler'den Şehzadebaşı'na varıldığında, sağda, ilk sinema Ferah Sineması'ydı. Onun yanında Turan Sineması, Ferah'ın karşısında ise Milli Sineması vardı. (6/7 Eylül Olayları başladığında, yıl 1955, biz Canip'le Milli Sineması'nda John Ford'un Türkçe'ye 'Kan Kalesi' diye çevrilmiş olan bir kovboy filmini seyrediyorduk. Filmin sonuna doğru, sinemada gürültüler oldu: 'Yunanlılar Atatürk'ün Selanik'teki evine bomba koymuşlar!' diye bağırdı birileri. 'Ne duruyoruz! Gidelim, Rumlara hadlerini bildirelim!' Işıklar yandı. Sinema boşaldı. Hiç unutur muyum?)

Şehzadebaşı'nda açılan son sinema, caminin hemen karşısındaki 'Yeni Sinema'dır. 1953 yılında açıldı ve bizim ilkgençliğimizin sineması oldu. Beyoğlu'ndaki sinemalarla aynı zamanda aynı filmleri oynatması, biz Fatih'li sinemaseverler için bulunmaz bir nimetti elbet! Filmler haftada bir (sanırım, çarşambaları) değişiyordu ve ben 'Yeni Sinema'nın müdavimlerinden biriydim.

Yeni Sinema'dan söz ederken, 1955 yılında İstanbul'da gösterilen bir Hint filmine, *Avare*'ye değinmemek olmaz. İstanbul'da yer yerinden oynamıştı bu film gösterildiğinde. Sinemaların önünde upuzun kuyruklar oluşmuş, biletler karaborsada satılmaya başlamış; filmin şarkıları, çocukların ve delikanlıların dilinden düşmez olmuştu. *Avara mu, avara mu ya gardaş mahu asuman kadara muuuuuu* ezgileri İstanbul'un her yerinden, evet her yerinden duyuluyordu...

Ben bu filmi güçbela bilet bulabildiğim Yeni Sinema'da seyrettim. Başrollerini Raj Kapoor ve Nergis'in oynadığı bu film, inanılmaz ölçüde sıradan, hatta bayağı bir melodramdı. Yoksul, ama iyi yürekli bir delikanlı ile zengin bir yargıcın güzel kızının aşkları! Bizim çocukluk yıllarımızda, 1940'larda, Türkiye'de oynatılan Mısır filmlerinin, deyiş yerindeyse, düzayak bir kopyası!

Mısır filmlerinin, 1950 ve 1951'de, özellikle Taksim Sineması'nda oynatılanlarını seyretmiştim. Yusuf Vehbi, Enver Vecdi, Emine Rızık... gibi Mısırlı oyuncuların başrollerini oynadıkları o filmlerden en ünlüleri, *Fakir Kızı Leyla*, *Aşkın Gözyaşları*'dır. 'Türkçe Sözlü ve Türkçe Şarkılı' diye duyurularak oynatılan Mısır filmlerinin müziklerini, daha çok Saadeddin Kaynak yapıyordu, diye anımsıyorum.

Ama *Avare*'de, müzikler Hintçe orijinalindeki müziklerdi. O yıllarda yaygın olan bir söylentiye göre, *Avare*'yi ithal eden film şirketinin yetkilileri, sinemacı deyişiyle, 'gişe yapmaz' gerekçesiyle, bir yıl kadar depoda tutup gösterime sokmamışlar, hatta, filmi, ithal ettikleri şirkete iade etmeyi bile düşünmüşlerdi! Filmin gördüğü olağandışı ilgi, bu nedenle en çok, filmi ithal eden şirketin yöneticilerini şaşırtmış olmalıydı.

Gerçekten de şaşırtıcıydı *Avare*'nin başarısı. 1951 yılından sonra Türkiye'ye Mısır filmleri ithal edilmez olmuştu ve bunda, Türk insanının Doğu'ya ait o arabesk duyarlılığın etkisinden sanki sıyrılmaya başlamış olduğunu düşündüren bir imâ vardı. Şimdi bakıyorum da, Mısır filmlerinin Türkiye'de gösterilmemeye başladığı 1951 yılından, *Avare*'nin 1955 yılındaki gösterimine kadar geçen 4 yıllık süre, Türkiye'de, bir duyarlık dönüşümünün yaşandığına tanıklık ediyordu, diyorum. Bu dönem, Türkiye'de kentleşmenin iyice hızlandığı dönemdi. Ve bu, kentlerimizi, özellikle de İstanbul'u yeniden taşralaştıran süreci henüz başlatmış değildi.

Ne var ki, kentleşme bu doğrultuda devam etmedi. *Avare*', bir semptomdu bu anlamda. Umberto Eco'nun *Casablanca* filmi için söylediğinden yola çıkarsak, bir 'arketipler panayırı' idi *Avare*: Sıradan ne kadar klişe varsa, hepsinin sergilendiği bir film! Bu 'panayır', 1955'te İstanbul'un taşralaşarak oluşturmaya başladığı Anadolu mozaiğini temsil eder gibiydi...

Sinemalardan söz açmışken, 1950'li yılların, o şimdi 60'ını çoktan aşmış olanların bile gülerek anımsadıkları bir reklam filmine de değinmek gerekiyor. '50'li yılların ortalarına doğru İstanbul sinemalarında radyo ve genelde beyaz eşya satan bir firmanın reklamları görünmeye başladı. Şimdilerde olduğu gibi, film başlamadan önce gösterilen reklamlardan... Ama bu filmin biraz müstehcen bir öyküsü var. Size şimdi onu anlatacağım:

Filmde on mayolu genç kız yan yana görünüyor, her biri elinde kocaman kartona yazılmış birer harf tutuyordu: 'R+I+D+V+A+N+U+M+A+Y'. Arkadan spiker, satış ve taksit koşullarını anlatıyor, kızlarsa şahadet parmaklıklarını seyirciye doğru sallayarak, 'Rıdvan Umay! Rıdvan Umay!' diyorlardı yüksek sesle. Önceleri, uslu uslu seyredilen bu reklam filminin, sonradan, kaba deyimle, suyu çıktı! Çünkü, İstanbul'un bıçkın hergelelerinden biri, reklam filmi gösterilirken, olduğu yerden,

– Sizi kim s..ti, diye bağırmış, kızlardan parmaklarını sallayarak,

– Rıdvan Umay, Rıdvan Umay,

yanıtı gelince, sinemada iş çığrından çıkmıştı! Doğallıkla, haber, İstanbul'da hemencecik yayıldı ve filmin gösterildiği bütün sinemalarda, bu oyun tekrarlanmaya başladı. Bunun üzerine film gösterimden kaldırıldı.

Şurası kesin: Bu reklam, Türkiye'de etkisini en uzun sürede duyuran bir reklam oldu. Söylediğim gibi, bugün yaşları 65'in üzerinde olanların, hâlâ anımsadıkları bir isim Rıdvan Umay; pek de hoş olmayan bir bağlamda anımsansa da!

Ne zaman Sirkeci'den, bir zamanlar Rıdvan Umay'a ait olan o mağazanın önünden geçsem, ilk kez Beyazıt'taki Marmara Sineması'nda seyrettiğim o reklam filmi gelir aklıma... Elbette, İstanbul'un anasının gözü bıçkınları da...

İlkgençliğimiz, sinemalarda, pastanelerde ve kahvelerde geçmiştir. 1955-1956 yıllarında benim, neredeyse hemen her gün sinemaya gittiğim, bazen üst üste üç ya da dört film seyrettiğim olmuştur. Sinemalar ve pastaneler birbirlerinden ayrılmayan mekânlardı benim için. Ya önce pastaneye uğranır, sinema saati beklenirken birileriyle laflanır (pastanelerde gündüz ya da akşamın her saatinde mutlaka bir tanıdık bulunurdu!) ya da sinema çıkışı, eğer vakitliyse, pastaneye gidilirdi. *İnsanlar, Mekânlar, Yolculuklar* adlı kitabımda 'Pastane Günleri' başlıklı bir yazım vardır. O yazı, 'benim pastanelerim'i anlatır:

Bizim gençliğimizin pastanesi, Baylan'dı. Salâh Birsel'in 'Ah Beyoğlu, Vah Beyoğlu'sunda yazdığı gibi 'Baylan'a yeniyetme edebiyatçıların doluşması 1954 yılında başlar. O yılın yazında Lise'yi bitirmiştim ve 'yeniyetme bir edebiyatçı' olarak Baylan'a dadananlardan biriydim: Sadece Baylan mı? Hayır! Markiz'e de giderdik elbet, Lebon'a da! Demir Özlü'nün sonradan ilk öykü kitabı 'Bunaltı'ya aldığı 'Sokak' adlı öyküsünde yazdığı gibi, 'çekingen ve kaçamak' gidiyorduk Lebon'a. Belki de, yine o öyküdeki gibi, Lebon'un camlarına elimizi sürüyorduk. Orada, limonatalar içiyor ve kısa kesilmiş saçları olan solgun yüzlü, pardösülü ve düz pabuçlu ince kızları düşünüyorduk. Ama hiç kuşkusuz, 'çekinmeden', rahatlıkla girebildiğimiz pastane, elbette Baylan'dı...

İlkgençliklerini 1950'li yılların sonuna doğru kapatmakta olan bizler için Tünel ile Taksim arasındaki pastanelerde oturmak, o hep gidebilme düşleri kurduğumuz Paris ya da Viyana'daki zarif kaldırım üstü kahvelerinden birinde oturmak gibi duyumsanıyordu. 'Baylan', biz genç yeniyetmelerin pastanesiydi. Adlarını büyülü birer sözcük gibi bellediğimiz Café Select'ti biraz; – Deux-Magots idi. Baylan'da Leonidas'ın bize sunduğu milföyleri (Yılmaz Gruda'nın o davudi sesiyle, 'Vasil, bastır bir milföy!' deyişi hâlâ kulaklarımdadır) yedikten, sütlü kahvelerimizi içtikten sonra sinemalara gidiyorduk...

Ama Markiz'e, belki daha çok Elhamra Sineması çıkışında ya da öncesinde uğruyor olmalıydık. Alan Ladd'ın Veronica Lake ile birlikte oynadığı *The Blue Dahlia*'yı ya da Orson Welles'in esrarengiz *Monsieur Arkadin*'in, (O filmden Akim Tamiroff'u, Katina Paxinou'yu nasıl unutabilirim?) seyrettikten sonra Galatasaray yönünde değil de Tünel'e doğru yürüyor, Markiz'in o ünlü *fruit glacée*'lerinden alıyordum. Çelik Gülersoy'un, 'Her biri süslü bir kâğıdın içine oturulmuş o soylu yeşil incirlerin ve turuncu portakal kabuklarının görüntüleri, birer natürmort resmi gibiydi,' diye betimlediği meyve şekerlerinden...

Kapısında 'Patisserie-Confisserie' yazıyordu Markiz'in. *Fruit glacée*'leri alırken, 'çekingen' ve 'kaçamak' çevreyi kolaçan ediyordum. Bizim için, yaşlı edebiyatçıların pastanesiydi Markiz ve genç Haldun Taner'i, (1955'te 39 yaşındadır Haldun Bey!) bir keresinde orada görmek yadırgatmıştı beni. Abdülhak Şinasi Hisar'ı da ilk orada, Markiz'de görmüştüm.

(...) 'Tokatlıyan', 'Lebon', 'Markiz'... İtiraf etmeliyim ki, bu pastaneler, biz 'yeniyetme edebiyatçılar'a Yahya Kemal'in, Abdülhak Şinasi'nin oturdukları mekânlar olarak uzak, eski ve yabancı geliyordu. O pastaneler, yine Abdülhak Şinasi Hisar'ın belirttiği gibi, 'içlerinde bize içkilerin daha tesirli, görüştüklerimizin daha zeki, dedikoduların daha ehemmiyetli ve hayatın daha neşeli gözüktüğü, adeta büyülenmiş köşeler'di...

(...) Bugün bizler, artık 'yaşlı' edebiyatçılar olarak 'Markiz', 'Lebon' ya da 'Tokatlıyan'da oturabilir miydik? Büyük bir ihtimalle orada oturuyor ve gümüş zarflı Belçika işi cam bardaklardan çay içiyor olacaktık. Tıpkı, bizden önce orada oturanlar gibi!..

POSTSCRIPT: '60'LAR VE LA BÓHEME GECELERİ

İstanbul gecelerini nasıl anlatmalı? Ya da daha doğrusu, nereden başlamalı? Gece o kadar uçsuz bucaksızdır ki İstanbul'da, ne kadarını ve neyi anlatırsanız anlatın, daha başından eksik kalacaktır! – Hem de çok eksik... Paul Eluard'ın, insanda umudun yok edilemeyeceğini anlattığı, benzersiz bir dizesi vardır: 'La nuit n'est jamais complète!' Yani, 'gece hiçbir zaman tam değildir'! Bu dizeyi İstanbul gecelerine de uyarlayabilirsiniz: İstanbul'da gece, hiçbir zaman tamamlanmaz, bitmez; gecenin sonu gelir, ama bu, gecenin tamamlandığını göstermez hiçbir zaman: Geceler, sanki bir şeylerin hep 'yarım' kalmış olduğuna ilişkin, o belli belirsiz yarımlık duygusuyla biter...

Ama, yarım kalacak da olsa, bir yerlerden başlamak gerek! Gençlik yıllarımızın, o her şeyin, bırakınız 'yarımlık' duygusunu, her zaman hiç bitmeyecekmiş gibi göründüğü 'beyaz geceler'inde, İstanbul, bir yeraltı olarak başlardı bizim için... Daima birkaç merdivenle inilen gece kulüpleri; loş, izbe mekânlar! İstanbul gecelerini, o parfüm ve alkol kokan dar mekânların boğuk sesli kadınlar (sigaradan) ve ağır hüzünlerden yapılmış şarkılarla donatıldığı, gizemli, belki de büyülü katmanlarında yaşardık.

Şimdi düşünüyordum da, örneğin 1960'ların henüz başında, Beyoğlu'nda, İmam Adnan Sokağı'nda, *Fuaye*, İstanbul gecelerinin yaşandığı o büyülü mekânlardan biri olan 'Fuaye', gecenin belli bir saatinde, şairler, yazarlar, gazeteciler ve oyuncularla yükünü alınca, gece, neredeyse hepimizde o yersiz yurtsuzluk duygusunun ağırlığını koyması ile başlardı. O yıllarda 'Fuaye' üzerine yazdığım bir öykünün adı, bu yersiz yurtsuzluğu dile getirir: *Sığınak*... Gerçekten de gece, bizdeki (kendimi ve 'bohem' arkadaşlarımı kastediyorum elbet!) aidiyet bağlarını usul usul çözmüş ve bizi bir 'kimlik mekânı' aramaya götürmüştür. Bu 'kimlik mekânı', 'Fuaye'dir artık...

Müzik de bu, bağı çözülmüş çiçekler gibi oraya buraya dağılmış genç uyumsuzların, bu yersiz yurtsuzluk duygularına bir karşılık veriyor, onları bu duygularında yalnız bırakmıyor gibiydi. Şimdi, İstiklâl Caddesi'nden geçerken, pasaj içindeki kasetçi 'Karakedi' Hasan'ın hoparlörlerinden ara sıra duyduğum bir müzik, beni alır ve bundan neredeyse kırk yıl öncesinin 'Fuaye'sine götürür. Bu, Enrico Macias'ın, *J'ai quitté mon pays* (yurdumu terk ettim) diye başlayan şarkısıdır. 'Fuaye'de yaşanmış İstanbul gecelerinde, hiçbir müzik parçası, bizim yersiz yurtsuzluk duygularımıza bu şarkıdan daha derin ve daha hüzünlü bir yoğunlukta karşılık veremezdi. Hele, o özlemi, daha doğrusu yurtsamayı (nostaljiyi) dile getiren *soleil, soleil de mon pays perdu* ezgileri... 'Yitik ülkenin güneşleri'nin özlemini, o loş, ve izbe 'Fuaye'de duymak! Ama aydınlık, karanlıktan başka nerede yurtsanır ki?

İstanbul gecelerinde, o yıllarda elbet, çifte kimlikle dolaşır gibiydik. Bütün *heimatlos*'lar gibi! Günün ağarmaya yüz tuttuğunu, birileri söylerdi bize; o saatlerde dışarıdan gelen birileri! Gece yolculuğu bitmişti ve biz, artık, 'öteki' olarak yaşamaya hazırlanmalıydık. Tuhaf ve anlamlı bulduğum bir şey: İlkyaz gecelerinin erken saatlerinde, sabah, Boğaz' da güneşin doğuşunu seyretmek konusunda kaç kez karar verdiysek, bu kararların hiçbiri gerçekleşmedi. Nedeni basitti bunun: Biz, aslında Enrico Macias'ın 'yitik ülkenin güneşi'ni, sadece bizim olan Güneş'i özlüyorduk; sabahları herkesin olan o gerçek ve alelâde güneş'i değil!..

Daha sonraki yıllar, özellikle yaz gecelerini, İstanbul'un doğadan kopmadığı mekânlarda yaşadık. Ama bunun başlangıcı, benim bireysel tarihimde, 1950'lere çıkar. Fatih Postanesi'nin gerçek anlamda bir 'entelektüel' olan dağıtıcısı (o yıllardaki sanıyla, 'müvezzii') Canip Güldüren, Demir Özlü ile beni, bir gece, Yedikule surlarının dibinde (1955 veya 1956 olmalıdır), güller ve yaseminlerle kuşatılmış bir meyhaneye götürdü. Aradan neredeyse yarım yüzyıl geçmiş olmasına karşın, belleğimde durur o gece. Bütün aydınlığıyla, o günbatımıyla birlikte kokularını salmaya başlayan yaseminleriyle ve o laternasıyla! Nietzsche'nin Dionysos'u, sarhoş Silenos ve satir'leriyle oradaydı o gece. Yahya Kemal'in deyişiyle, 'şedît bir şevk ânı'nı, inanılmaz bir coşku ve esrimeyle yaşamak! İstanbul, Doğa'nın içindeydi o yıllarda, Yedikule'den söz ediyorum, sur dışında başlıyordu Doğa ve laterna sesleri...

'70'li yıllara gelindiğinde, İstanbul gecelerinin, artık yavaş yavaş gençlikten orta yaşlılığa doğru ilerlemekte olan bizler için, ancak geçici ve sıradan hazlara sürüklediğini söylemek gerekir. Sokağa çıkmak, ikincil bir sorundur; aslolan ev'dir artık! İlkgençlik yıllarının, o başıboş bohemleri evlenmiş ve çoluk çocuğa karışmışlardır. Eşlerle ya da yakın arkadaşlarla çıkılır İstanbul gecelerine. Neredeyse her şey önceden bellidir. Gecenin insana bir serüven duyarlığı, bir macera hazzı bağışlaması söz konusu değildir ki artık! Akşam nerede yemek yenileceği, kimlerle birlikte olunacağı, en önemlisi, saat kaça kadar ('En geç on bire kadar!' diye uyarır eşiniz!) dışarıda kalınacağı bilinmektedir. Yaşlılık ya da bıkkınlık değildir bu; yaşamın vurgusu değişmiştir. Nerede ve kimlerle birlikte olunacağı bilinmezliği, eski İstanbul gecelerinde, belli belirsiz, ama mutlu bir ürperti verirdi. Gecenin ne zaman biteceğinin bilinmiyor olması da! Ama o geceler çoktan dibe çökmüştür; (anımsarsınız: 'Geçmiş gecelerden biri durmakta derinde') gecenin farkına varılmaz; eğer kaldıysa, Doğa'nın da! İçkiler ve sıradan konuşmalardan başka bir şey değildir gece...

Eskiden, çok gençken, pavyonlara da giderdik. Büyükparmakkapı'da 'Yeşil Horoz'a, Sıraselviler'de 'Kulüp 12'ye, bazen de 'Londra Bar'a, 'Vagon Blö'ye ya da 'Tosunun Yeri'ne... şimdi gençlerin 'in' mekânları olan 'Pasha' vb. mekânlar gibi, bizim de gençlik mekânlarımızdı oralar. Paramız olduğunda elbet... Güzel, alımlı kadınları vardı İstanbul gecelerinin; onları oralarda görürdünüz; bu müstesna kadınlardan biriyle, örneğin Benli Belkıs Hanımefendi ile tanışma olanağınız olabildiyse eğer benim gibi, bunu zümrüt bir anı gibi saklardınız; Dürnev Tunaseli ile bir tek votka attıysanız 'Müsü' Corç'un *Kulis*'inde, zekâsını ince ve zarif bir gümüş iğne gibi kullandığına tanık olurdunuz.

Şimdilerde, İstanbul gecelerini sevgili dostlarımla, vefalı ve gönlü yüce eski ve yeni öğrencilerimle, yaz geceleridir, pastanelerin teraslarında söyleşerek geçiriyorum. Ne güzel, diye düşünüyorum, anılarım ve sevdiklerim var. Ve Ahmet Hâşim'i, o benzersiz dizeleriyle anımsıyorum sık sık:

Bize bir zevk-i tahattur kaldı,
Bu sönen, gölgelenen dünyada...

OKUMA PARÇASI: VIII

SIĞINAK

Gece yarılarından sonra kalkıp oraya gidiyordum. Hep oraya gidiyordum. Yerin altında loş ve korkulu bir sığınaktı. Dar bir kapıdan hafifçe eğilerek geçip merdivenleri iniyorduk. O soğuk ve belli belirsiz kırmızı aydınlıkta oturanların birbirine karışmış seçilmez gölgelerle titrek ve tembel kımıltılarını görüyordum. Kırmızı tuğla biçimi verilerek örülmüş duvarlara bitişik küçük koltuklarda oturanların yüzlerini seçebilmek güçtü önce. Hep seslerinden tanıyordum. Sığınağa girince sol taraftaki küçük bar-amerikan'da kalın ve ihmalci saçları yüzüne dökülmüş, dik yakalı kazaklı bir kadın dururdu. Boğunuk bir korsan sesi vardı kadının. Düz ve kalın. Tahtamsı. Uzun iskeletleri andıran taburelerde suskun oturanlar. Yalnız Rezan'dan –kadının adı buydu– bir konyak ya da başka bir içki istemek için konuşuyorlardı. Bar-amerikan'ın yanında küçük bir pick-up duruyordu. Basık tavanlı loşlukta ince ipliksi ve kaygan sesleri çiziyordu. Sol duvarda beyaz çizgilerin geliştirdiği bir desende biçimlenen müzik.

Gelip sessizce koyu kara koltuklardan birine oturuyordum. Hafif bir sesle buzlu bir konyak istiyordum. Hiç değişmiyordu bu. Sonra her gece yarısı gittiğim halde bir türlü alışamadığımı belirleyen o saçma yabancılığımla, başkalarına bakıyordum. Oysaki kimse başkasıyla ilgilenmiyordu. Sığınakta herkesin yeri belirlenmişti. Ve hep pick-up'ın yanındaki küçük yer masasının çevresinde otururlardı. Ben Daisy'nin karşısındaydım. Daisy göğüslerini dışarı vuran ince bir bluz giyiyor, alımlı bacaklarını Güner'e uzatıyordu. Kırmızıya çalan düzgün taralı saçlarıyla, kalın ve etli alt dudaklarını Daisy'nin avuçlarına gömüyordu o. Daisy'ninkine aykırı yuvarlak ve iri memeleri vardı Güner'in. İkisi de sokulgan bir suskunlukla önce birbirlerine yaklaşırlar, avuçlarını, saçlarını denerlerdi. Böyle başlardı her şey. Konyakları bir solukta içerler, sonra yeniden daha hızlı, daha yakın, daha sıcak denemelere giderlerdi. Bu sırada Rezan gülümseyerek sığınaktaki belirsiz aydınlığı silerdi. (Silerdi, diyorum, Rezan'ın ışıkları söndürmesini, bar-amerikan'ın üzerini ince, yeşil bir süngerle silişine benzetiyordum çünkü.) Sığınağın koruyucusu Şadan, masalara ince mumlar dikerdi. Daisy ile Güner, yoğun loşlukta sarılırlardı. Daisy, titrek ve aceleci parmakları ile bluzunun düğmelerini çözerdi. Güner de tıpkısını yapardı. Meme uçlarını sürterlerdi birbirlerininkine. Sonra Daisy mumu üflerdi.

Ben de mumu söndürürdüm. Sığınakta. Neden hep burayı, bu sığınağı seçiyordum? Karanlık, yitik bir geçmişe dönüşü? Neden karanlık beni hep geçmişe döndürüyordu? Sazlıkların arkasındaki bataklık. Kurtulmak için bu sığınağı seçiyorum. Sadece ben değil. Rezan, Daisy, Güner, Oğuz, Erol. Konyaktaki buz çoktan erimiş. Ilık ve pis, idrar gibi sarı konyağı içiyorum. Biliyorum ki karşımda bulanık iki kadın sevişmektedir. İğreniyor muyum? Hayır. İğrençlik benden başlıyor. Başkalarını suçlamak haksızlık. Onlar da birbirlerini sevmeyi seçmişler. Burası sığınak. Seçenlerin sığınağı. Ben geçmişi, bataklıktan kurtulmayı seçmişim. Şimdi bataklıkta sazlar, ince bir rüzgârda sallanıyor. Şimdi birisi, sığınağın dışında birisi, yorgun fakat geçmişsiz bir aynanın karşısındadır. O odanın ışıklarını, aynada daha bir yansıyıp yayılan ışıklarını görmek! Tepedeki evin kapısında oturup ağladığım...

Şadan pick-up'a çığlıklı bir plak koyuyordu, hızlı, çığırtkan. Yorgunlukla, mumun ince hayaletini yakıyordum. Daisy ve Güner karanlıkta yorgun bir kıpırdamazlıkla sarınıktılar. Oğuz sakalları ile Rezan'dan bir konyak daha istiyordu. Garsona sakalları ile sesleniyordu. Sığınağın kapısında birtakım gölgeler... Handan'la sevgilisinin geliş saatiydi bu. Handan'ın sevgilisi gece kulübünde çalışıyor, işi bitince birlikte sığınağa geliyorlardı. Sığınağın son adamlarıydı onlar. Handan çocuğun beline sarılıyor ve başını omuzlarına dayıyordu. Hiç konuşmadan böylece bir kopmazlığı biçimliyordu sanki. Arada bir çocuğun kulağına bir şeyler fısıldıyordu. Sığınakta olmayı pek istemez bir durumu vardı. "Evlenelim, kurtulalım," diyordu belki. Çocuk sahte, ama umursamazlığını saklamayan bir gülüşle başını sallıyordu. Sanırım piyano çalıyordu bir gece kulübünde. İhtiyar ve güneşe bırakılmış gön gibi pörsüktü Handan'ın sarılmaları. Çocuk gençti. Sığınağa biraz oturup dinlenmek ve yatmadan önce bir şeyler yemek için geldiği belliydi. Ama, acı kinin yüzlü Handan'ın bıkmışlıkla koşullu güdük, güçsüz bir direnişi vardı. "Belki," diyordu. "Belki kurtulurum." Olmazdı bu. Bunu biliyor ama gene de, "Belki," diyordu. Değildi oysaki. Orhan'ın dediği gibi bağlıydı o. 'Bir portakal ağacının altına' bağlı. Çocuk sebze çorbasını iştahla kaşıklıyorken, Handan acıyla konyağa yatmıştı. "Rezan bir konyak daha! Bu gece konyağa yatıyorum."

Gülüyordu. (Gülüyor sanılıyordu, ama yüzünün çizgileri geriliyor, açılıyordu. Belki de ağlar gibiydi. Yüzün bu açılmasını hep, koparıldıktan sonra solmuş bir çiçeğin su dolu bir vazoya konulduktan sonraki güçsüz, yetersiz, sonuçsuz açılmasına benzetiyordum.) Çocuk gülüyordu. Müstehcen hikâyeler anlatıyordu. Hep dinler gibi görünürdü Handan. Handan'ın sığınağı da oydu.

(Başkalarına acıma. Handan sözgelimi. Acıyorsun ona değil mi? Hatta bazen alay da ediyorsun. Koskoca karı, çocuğu yaşındaki züppeye âşık olmuş. Ya sen sersem. Sen. Sığınakta bu duygulara yer yok. Gizlice acıyanların hepsi, bu acılarını dalga geçerek anlatıyorlar. Sen de onlardansın. Onlardan birisin. Ya sana güldüklerini görmüyor musun? Senin sığınağın burası mı? Onu düşün. Senin sığınağın şimdi saçlarını çözüyor. Işıkta, görüyor musun? Yeşil kadife kurdelesini özenle saçlarından çıkardığını görmüyor musun? Deniz kıyısındaki sarılmaları hatırla. Öyle değil mi?)

Çıkarken, sığınağın kapısından bir gökyüzünü seçiyordum. Sabahtı. Kimbilir ne kadar kestirmişim burada, diye düşünürdüm. Hiç değişmezdi bu. Yağmur başlamış oluyordu. Ceketimin yakasını kaldırıyor, caddeye çıkıyordum. Sabah, sütçülerin tıngırdayan güğümlerinde, bir çinko aklığındaydı. "Merhaba," diyordum hiç kimseye. Anlamsız bir başlangıçtı bu. İlk otobüse doğru yürüyordum.

(1960-62'de yazılan ve
yayımlanmayan bir öykü)